※切り取ってポスターとしてお使いください。

健康観察のチェックポイント

子どもの健康状態をチェックするポイントをまとめました。子どもは体調の変化をうまく言葉で伝えられませんが、体はさまざまなサインを発信します。小さな異変も見逃さないように、全身をていねいに観察しましょう。

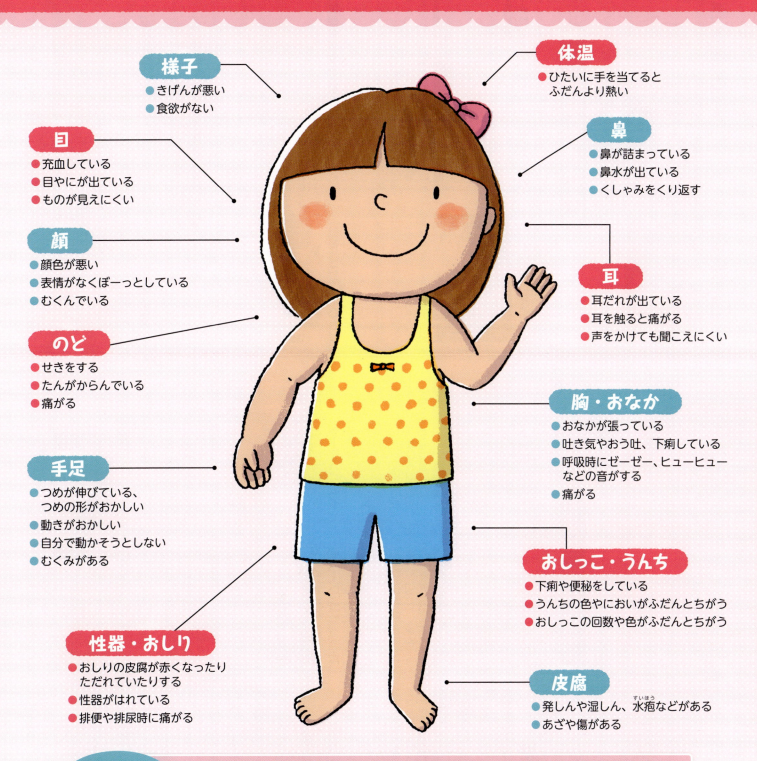

様子
- きげんが悪い
- 食欲がない

体温
- ひたいに手を当てるとふだんより熱い

目
- 充血している
- 目やにが出ている
- ものが見えにくい

鼻
- 鼻が詰まっている
- 鼻水が出ている
- くしゃみをくり返す

顔
- 顔色が悪い
- 表情がなくぼーっとしている
- むくんでいる

耳
- 耳だれが出ている
- 耳を触ると痛がる
- 声をかけても聞こえにくい

のど
- せきをする
- たんがからんでいる
- 痛がる

胸・おなか
- おなかが張っている
- 吐き気やおう吐、下痢している
- 呼吸時にゼーゼー、ヒューヒューなどの音がする
- 痛がる

手足
- つめが伸びている、つめの形がおかしい
- 動きがおかしい
- 自分で動かそうとしない
- むくみがある

おしっこ・うんち
- 下痢や便秘をしている
- うんちの色やにおいがふだんとちがう
- おしっこの回数や色がふだんとちがう

性器・おしり
- おしりの皮膚が赤くなったりただれていたりする
- 性器がはれている
- 排便や排尿時に痛がる

皮膚
- 発しんや湿しん、水疱(すいほう)などがある
- あざや傷がある

こんな症状が見られたら
担任だけでなく、複数の保育者で注意深く観察し、対処法を相談しましょう。症状により❶そのまま保育を続ける、❷保育室で休ませて様子を見る、❸保護者に迎えに来てもらう、❹急いで受診する の、いずれかの処置を行います。いずれの場合も連絡帳などに症状の様子と経過を記入し、子どもの様子を保護者に詳しく伝えます。

※切り取ってポスターとしてお使いください。

発しんと皮膚トラブル

病気には、皮膚に特徴的な症状が現れるものがあります。ここでは、そのなかでも乳幼児に多い病気の症状を紹介します。子どもの皮膚に気になる症状を発見したときの、受診の目安や園でのケアの参考にしてください。

感染症

突発性発しん症
2～3日高熱が続き、熱が下がってから濃いピンク色の小さな発しんが出て、全身に広がる。発しんは2～5日で消失する。

はしか（麻疹）
発熱に引き続き口のなかに白い斑点が現れ、その後小さい赤い発しんが首、顔、胸などに出て全身に広がる。発しんのあとは色素沈着がしばらく残る。

風疹（三日ばしか）
はしかに似た、より細かい発しんが全身にできる。発しんは3～4日で消える。

水ぼうそう（水痘）
小さな赤い発しんが現れ、次第に水疱に変化する。その後乾いて黒いかさぶたになる。体の中心部に多く、手足には少ない。

咽頭結膜熱（プール熱）
両目または片目が結膜炎を起こし、白目とまぶたの裏が真っ赤になる。のどが赤くはれ、白苔と呼ばれるうろこが付着することがある。

ヘルパンギーナ
のどが赤くなり、口蓋垂（のどちんこ）の上のあたりに直径2～5mmの白い水疱ができる。水疱は破れて潰瘍になり飲食のときに痛む。

手足口病
白っぽい水疱が、おもに手のひら、足、口のなかに出る。乳幼児はおしりや手足にできることもあるが、体の中心にはほとんど現れない。

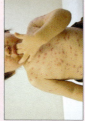
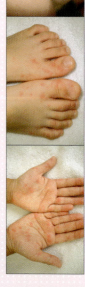

皮膚の病気

りんご病（伝染性紅斑）
両方のほおに境界がはっきりした鮮やかな赤い発しんが出て、数日で消失する。腕や太ももに淡い発しんが出ることもある。

乳児脂漏性湿疹
乳児の頭やひたい、まゆ毛の周辺にクリーム色のかさぶた状のものができる。しだいに鼻のまわりなど、皮脂の分泌が多い部分に広がる。

おむつかぶれ
おむつに触れている部分の皮膚が炎症を起こし赤くなる。悪化すると赤いブツブツ斑点ができ、さらに重くなるとジクジクしてくる。

あせも（汗疹）
ひじの内側や首の後ろ、わきの下など汗がたまりやすいところに、細かくて大きくない半球状のブツブツができる。くっついて真っ赤になることもある。

溶連菌感染症（猩紅熱）
赤く細かい発しんが全身に現れる。治りかけたところに発しんが出た部分の皮ふがむけてくるとともに、舌にも赤いイチゴのようなブツブツができる。

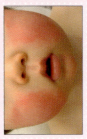
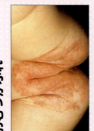
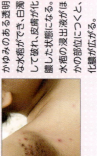

アレルギーの病気

じんましん
かゆみが強い発しんができ、つながって赤く盛り上がり地図状になることもある。体じゅうどこにでもでき、治まったりする。

とびひ（伝染性膿痂疹）
かゆみのある透明な水疱ができ、白濁して破れ、皮膚がただれた状態になる。水疱の浸出液がほかの部位につくと、化膿が広がる。

水いぼ（伝染性軟属腫）
全身に、肌とほぼ同じ色の小さい発しんが出る。発しんは徐々に大きくない半球状に盛り上がり、中央がへこんでいるのが特徴。

アトピー性皮膚炎
顔、耳のつけ根、首、ひじ・ひざの裏側などにかゆみをともなう湿しんが広がり、皮膚がカサカサしたりジクジクする。

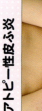

新人担任が知っておきたい！

0・1・2歳児
保育のキホン
まるわかりブック

著：今井和子　石田幸美

Gakken

はじめに

　園に就職し、新人保育者が初めて配属になるクラスの多くは０・１・２歳児です。なぜ新人さんが最初に０・１・２歳児組の配属になるのでしょうか？　それは０・１・２歳児の保育を通して、まず一人ひとりの子どもと向き合い、子どもが本来的に持っている"育とうとする力"のすばらしさに感動してもらいたいとねがうからです。保育の原点は「個の尊重・個人差を大切にすること」です。３歳未満児は、特に心身の発育、発達が顕著であると同時に個人差も大きいため、一人ひとりに即した保育が求められます。まずは個々の子どもたちの「成長の物語」に寄り添い、保育の喜びや楽しさを実感してもらいたいからなのです。

　０・１・２歳児は思っていること、考えていることをまだ言葉では表現できませんが、感覚、感情のすべてを一つひとつの行為に注ぎ込み、今なされていることを必死で学びとっているように感じます。持ち合わせているすべての感覚で、周囲の世界を吸収し成長しようと懸命に生きている姿に「人はなぜ生きるのか？」を考えさせられます。０・１・２歳児のそのような姿に寄り添えることができると、保育者は日々ほんとうに元気をもらえるのです。それこそが３歳未満児保育の魅力です。

　これより先、日本も人工知能（ＡＩ）時代を迎えることになります。国内の労働者の仕事の半分が機械にとって代わられるそうです。しかしＡＩに代われないといわれている仕事があります。保育者、教員、俳優、現場監督などの、常に人とかかわる仕事です。子どもを通していろいろな人と豊かな交わりを持てる保育の仕事は、大変さもありますが、やりがいのある仕事です。

　いつもこの本をあなたのそばにおいていただき、保育のおもしろさを堪能してください。

子どもとことば研究会 代表　**今井和子**
菜の花こども園 副園長・主幹保育教諭　**石田幸美**

本書の使い方

本書は保育者の方が、初めてクラス担任となる際に知っておくと役立つことをまとめています。保育の現場でよくある悩みやシーンを挙げ、その具体的な対応策や、保育者として身につけたい知識や考え方などにも触れています。
保育の現場で「困った！」と思ったときに、ぜひお役立てください。

❶ Case＆よい対応

ありがちなシーンに対して、どのような対応をとったらよいかA、Bのうちどちらかを選ぶものになっています。すぐに解答を見る前に、自分だったらどうするかを考えてみてください。

❷ ポイントなど

そのページのテーマで重要なことや保育のコツなどをまとめています。

❸ 保育者へのアドバイス

そのページのテーマの根源的な考え方を示しています。心がまえや習慣として身につけると、さまざまなシーンに対応できるようになるでしょう。

❹ 悩み＆これで解決！

保育者のよくある悩みとそれに対する具体的なアドバイスです。園ごとに決まった方針がある場合はそちらに従い、本書の方法を取り入れたいときは上司に相談するとよいでしょう。

❺ 重要事項のまとめなど

テーマについて知っておくと役立つ知識や気をつけたいことをわかりやすくまとめています。

❻ 先輩の声

先輩保育者によるアドバイスや、すぐに取り入れやすい保育のアイデアが満載です。

文例も豊富！
連絡帳や指導計画、クラスだよりの実例も掲載しています。参考にしてみてください。

0・1・2歳児の育ちと保育のかかわり

その1
発達の変化が激しい

発達の順序を知って適切な援助をする

0・1・2歳のなかでも、特に発達の変化が非常に速いのが0歳です。首がすわり、寝返りができ、おすわりができ、ハイハイを始めるという運動発達により、視界や活動の範囲が広がることで五感に刺激を受けます。また、自分で体を動かす喜びを味わうことが、脳の発達にも大きく影響します。1歳代で歩行が完成すると、自分で行きたいところに行けるようになり、自我が芽生えていきます。1歳から2歳にかけては、初語が出て一語文、二語文と言語が発達していきます。2歳代では手指の発達が著しく、右手ではさみを持って左手で紙を持つなどもできるようになります。このような発達の順序をしっかり把握することが、適切な援助に不可欠です。

先輩に聞きました！

子どもたちの成長を間近で見られ、その喜びを保護者と分かち合えることにやりがいを感じます。

> **先輩に聞きました！**
> 自分の保育が子どもたちの成長につながったときに大きな達成感や喜びがあります。

> **先輩に聞きました！**
> 子どもと信頼関係が築かれ、頼ってもらえたり、がんばろうとする姿を見せてもらえることがうれしいです。

その子の成長発達に合わせたかかわりを

0・1・2歳児は成長発達のスピードが速いと同時に、発達の個人差が大きいことも特徴のひとつです。子どもの健やかな発達を保障するということは、心身の発達の順序に沿って、その子がその時々で必要とする援助をするということです。保育にあたる際には、子どもそれぞれの発達段階を見極めながら、適切な援助をしていくことが求められます。

> **先輩に聞きました！**
> 前の日まではできなかったことができるようになる瞬間に出会えること。そして子どもの笑顔が見られることが喜びです。

0・1・2歳児の育ちと保育のかかわり

その2
信頼できる人と愛着関係を築く

人としての土台となる心の成長に寄り添う

体や脳だけでなく、0・1・2歳のうちに育つ、もっとも大切なものが「心」です。生まれて間もない赤ちゃんのうちから人を求めてやまない心があり、自分のお世話をしてくれる人の目を食い入るように見つめ、コミュニケーションをしたい気持ちを表します。

見つめ合い気持ちを交わす

言葉を発しない0歳の子でも、目を見ることで人の気持ちをくみ取ることができるといわれています。日々、授乳やおむつ替えなどのお世話をしてくれる人と見つめ合い、気持ちを交わすことで、やがてその人を信頼し、甘えるようになります。そうして愛着関係を築くと、安心してさまざまなことにチャレンジする意欲が生まれ、社会性や自己表現力を育てることにつながっていくのです。

その3
感受性が鋭い

全身で訴える思いを受け止めて

子どもは生まれた瞬間から自分の存在、感覚、感情のすべてを、一つひとつの行為に注ぎこみます。泣くときも、ただ声を出すだけでなく、手足をバタバタ動かし、顔を真っ赤にして、全身で泣くものです。まだ言葉で表現することができないからこそ、感性がとても鋭く、持ち合わせているすべての感覚で思いを訴えています。

先輩に聞きました！

子どもたちの気持ちに寄り添い、安心して楽しい気持ちで過ごせるよう、おだやかでやさしい言葉かけを行うように心がけています。

初めての体験や発見の喜びに共感しよう

子どもは周囲に起きていること、そこにあるものを一つひとつ吸収して、成長しようとします。1歳児がさんぽのときに、じっと保育者の顔を見るので「どうしたの？」と聞くと、耳に手をあてており、保育者がよく耳を澄ますとセミの鳴き声が聞こえていた、というエピソードがあります。そのように、大人が気づかないようなことも感じ取る感受性の鋭さにいくつも出合うでしょう。

0・1・2歳児の育ちと保育のかかわり

その4
言葉ではなく、表情や行為で思いを伝える

「言葉に代わる言葉」を理解しよう

1歳過ぎからは発語もみられますが、まだまだ言葉で自分の思いや要求を伝えるのがむずかしいのが0・1・2歳です。それだけに、泣くことや笑うことといった表情、しぐさ、行為のすべてが「言葉に代わる言葉」になります。そこからしっかり子どもの思いを受け止めることが保育のコツといえるでしょう。

先輩に聞きました！

"○○したかったんだね"など、その子の立場に立って思いに共感するようにしています。

思いを代弁することで子どもが学んでいく

「言葉に代わる言葉」は、ただ受け止めるだけでなく、「今とってもきれいな風鈴の音がしたね。教えてくれたんだね」「大きな音がしたからびっくりしちゃったんだね」と言葉をかけることで、ものに名前があることや、人の思いを知るきっかけにもなります。0・1・2歳の子どもにとっては、自分の思いをどれだけわかってもらえるかが、人への信頼感の根源になっていきます。

先輩に聞きました！

0歳児では、大好きな歌を歌うと泣きやんでくれることが多いです。

その5
想像の世界を自由に行き来する

想像力の豊かさが
その子らしさを育む

2歳ごろになると、現実と非現実の世界を自由に行き来して楽しむことが増えていきます。朝子どもが「ちょうちょ捕まえてきた」と手を出し、保育者が「見せて」と言うと、そろそろと手を開くものの、手のなかに何もありません。でも子どもは自慢げに「ほら、いたでしょ」と言うのです。それは、登園中にちょうちょうが飛んでいるのを見て、捕まえたかったけど捕まえられなかった。そのときの「捕まえたかった」という気持ちが「うそっこ」の世界のなかでは現実になっているのです。

こうした特徴は4歳ぐらいになるとなくなっていきます。保育者は「それは嘘でしょ？」と否定せず、一緒にこの時期だけの「うそっこ」の世界を楽しんであげてください。

先輩に聞きました！
子どもたちが興味を持ったものを見つけたら、すぐに遊びにも取り入れるようにします。

先輩に聞きました！
室内の配置を変えるほか、保育者から遊び方をしかけてみたりします。

先輩に聞きました！
盛り上がった遊びは次につなげられるように、担任どうしで共有しています。

保育者の1日を見てみよう！

実際に保育者はどのような仕事を行っているのでしょう。園生活の1日の流れを追いながら、そこでの保育者の子どもとのかかわりや仕事内容を見ていきます。

6:30 出勤

出勤時間は担当により変動が。余裕を持って出勤し、受け入れの準備と環境を整えておく。

7:00〜 登園＆自由遊び

おはようございます

登園してきた子どもに声かけをしながら視診を。保護者からも子どもの様子を聞いておく。

一人ひとりの子どもに好きな遊びが見つかるよう、保育者から働きかけることも。

6:00　　7:00　　8:00　　9:00

8:30〜 授乳＆睡眠

0歳児クラスは子どものタイミングに合わせて授乳のあと、午前中の睡眠に入る。

朝の仕事

- 給食室に人数を伝える
- 台拭きなどを消毒・殺菌
- 砂場の殺菌
- 遊具などの安全点検
- 園庭のそうじ
- 適宜子どもたちに水分補給
- 沐浴・おむつ交換

その日の欠席の人数と給食を食べる子の人数を調理担当に伝えておく。

平均的な1日のスケジュール

6:30	7:00	8:30	10:20	11:15	12:30	15:00	15:30	16:00	16:30	18:00	19:00〜
出勤	登園・自由遊び	授乳・睡眠	戸外遊び	昼食	午睡	おやつ	室内遊び	集会	順次降園	延長保育	閉園・退勤

10:20 さんぽ

「列つくるのじょうずだね！」

保育者が手を引いたり、散歩車に乗せることも。2歳児は友だちと手をつないで歩けるよう促していく。

遊具を使った遊びに慣れないうちは、遊具で遊ぶのを見守り、ケガがないよう援助も。

外から帰ったら手洗いも！

手を洗ったあと、タオルで拭くなどの流れができているか見守り、必要に応じて援助も。

葛藤している子に対応！

自我が芽生える2歳児の葛藤には「もっと遊びたかったんだね」など声をかけ、おだやかに対応。

10:00　　11:00　　12:00

10:45 おむつ交換

「気持ちよくなったね〜！」

排泄に気づいたら適宜おむつの交換を。1歳以降はオマルやトイレに行くことを促す。

11:15〜 昼食

離乳食を食べる0歳児も、保育者が食べさせるだけでなく、スプーンを持たせてみる。アレルギー食があれば、調理担当者から詳細を聞いておく。

食事への興味につながるよう、食べる前には献立の内容、使われている食材を伝える。

「これは海藻サラダだよ」

12：30〜 歯みがき&午睡

「きれいになったね〜」

子ども自身がみがいたあと、しあげみがきを。立ち歩くなど危険がないかも配慮を。

カーテンを閉めるなど静かに眠れる環境を整える。眠れない子にはスキンシップを。午睡から目覚めたら検温して体調チェック。保護者への連絡帳にも検温の結果を記入する。

交代で休憩

子どもと一緒に昼食をとるのがむずかしい場合は、休憩時間に。

わからないことを先輩に聞く

「私だったらこうするかな」
「どんなことを書けばいいでしょうか？」

先輩への仕事内容の相談・確認は休憩時間に合間を見つけて声をかけてみる。

日誌をつける

午睡の見守りをしながら、日誌を記入。最近はタブレットを使用する園も。

13：00　　14：00　　15：00

そうじ・洗濯

衛生的かつ安全な空間で保育ができるように、空き時間に園内をこまめにそうじをしておく。手が空いたら洗濯なども。

連絡帳記入

連絡帳を確認し、保護者からの質問の回答や1日のできごとを記入。これも子どもの午睡中に。

15：00 おやつ

「いただきまーす」

0歳児も手づかみができる子は自分で食べる機会に。食べる意欲を育む援助を。

リーダー打ち合わせ

各クラスのリーダーが集まり、明日の行事予定や子どもの様子などの伝達事項を共有。

15:30〜 室内遊び

「パンダさん こんにちは」

「先生とおんなじように動いてみようね〜」
「わーい!」

ひとり遊びをしてる子には、ほかの子からじゃまされないようにそれぞれの遊びを守る。

触感を刺激し、ごっこ遊びもできるパペットは子どもたちに大人気!

音楽をかけて友だちと一緒に歌ったり踊ったりするのも楽しい時間に。保育者が見本を見せる。

閉園後の仕事

- そうじ機をかける

生活環境を整えておくのも重要な任務。ものの配置が移動していたら元に戻しておく。

- 明日の準備
- クラスだよりの作成

- 打ち合わせ

翌日の保育内容や、行事のことなどを担任どうしで意見交換し、計画をまとめる。月の最終週にはクラスだより作成も。楽しい紙面になるよう担任どうしでアイデアを出し合う。

16:00　　17:00　　18:00　　19:00

16:00〜 帰りの準備&集会&降園

お迎えに来た保護者には、その子の園での姿がわかるような1日のエピソードを伝える。

「僕のまねしてね!」

集会では1日の振り返りと歌などを。いろいろな子どもがみんなの前に立つ機会をつくる。

18:00〜 延長保育

「はじまりはじまり〜」

延長保育の時間帯は異年齢保育に。ケガに注意をしながら、異年齢のふれあいも大切にする。

19:00〜 退勤

子どもの育ちと保育の1年間の流れ

春 spring

「混乱期」は一人ひとりの不安に寄り添う

新しく入園してきた子はもちろんですが、進級児も新しい友だちが増えたり、お部屋や先生が変わったり、何かしら環境の変化を体験します。慣れない環境で不安があるため、ゴタゴタするのが当然な時期です。何をして遊んでいいかわからず戸惑っている子には「好きなものがあるか見てみようか」とお部屋のなかのおもちゃを見せて、「これで一緒に遊ぼうか」と誘ってみます。子ども一人ひとりの不安を受け止めながら、安心して園生活を送るための援助をしていきましょう。

主な行事
- 入園、進級
- こどもの日
- 母の日
- 父の日
- 保護者懇談会
- 保育参観

夏 summer

「開放期」には自分らしさを表現できる遊びを

環境にも慣れてきて、子どもたちが開放的になってきます。なるべく身軽な服装で、どろんこ遊びや水遊びなど、心身ともに開放できるような遊びをたくさんさせてあげましょう。それまでおとなしかった子も自分らしさを表現できるとよいですね。それぞれが自己発揮をできるようになるからこそ、友だちとのぶつかり合いも多くなり、トラブルも発生しやすい時期です。ぶつかり合いを経験しながら友だちができていきます。

主な行事
- 七夕
- 夏祭り
- お泊り保育
- 敬老の日

園での子どもたちの生活には、1年を通じた流れがあります。入園・進級の4月から、3月まで季節ごとに園生活における子どもの心と体の成長の特徴をつかんでおきましょう。あらかじめ1年間の流れを知っておき、見通しを持って保育にあたるとよいでしょう。

秋 autumn

集団生活の楽しさを実感する「盛り上がり期」

保育者や友だちとの仲も深まってくると同時に、気候もよくなり、戸外でたくさん遊ぶ機会があります。この時期は、運動会や遠足、芋掘りなど楽しい行事もたくさん行われ、子どもたちにとって園生活がもっとも盛り上がり充足する時期です。園生活のなかで、子どもたちの喜びの声をたくさん聞く機会があるでしょう。3・4・5歳になると保育者の見守るなか自分たちだけで遊べるようにもなり、人と一緒に生活することや、集団生活の楽しさを理解できるようになっていきます。

主な行事
- 運動会
- 遠足
- 芋掘り
- 作品展

冬 winter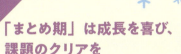

「まとめ期」は成長を喜び、課題のクリアを

1月～3月は、1年間に体験してきたいろいろなこと、そして自分たちがどれだけ成長したのかを振り返ってる時期です。「こんなにたくさん歩けるようになったよ」「絵もこんなふうに描けるようになったね」と、一人ひとりの成長ぶりを保育者と子どもたちで喜び合い、自己肯定感につなげていきます。そして「まだこんなことが苦手」「こんな遊びをしていない」ということがある子は、それらの挑戦がクリアできるように必要な環境をつくり、援助をしていきます。

主な行事
- 節分
- 生活発表会
- ひな祭り
- お別れ会
- 卒園式

特に心を配りたい！

受け入れ期（4-5月）は"安心感"を大切に

受け入れ期には、泣いてなかなかお部屋に入ってこられない子や、保護者から離れることができない子もいるでしょう。まずは、今まで信頼していた保護者から離れ、まったく新しい人に囲まれて、知らない場所で生活することになる子どもたちの不安や緊張感がどれほどのものか理解しましょう。保育者にとっても大変な時期ではありますが、そんなときこそ明るい表情でいられることがプロの証(あかし)。にこやかで楽しそうに受け入れをすることが何より重要になります。

言葉かけ
「おはよう、○○ちゃん」と、名前を呼んであげるのはとてもよいことです。あらかじめ家庭でのその子の呼び名を聞いておき、その呼び名で読んであげると、家庭に近いものを感じて、安心しやすいでしょう。

スキンシップ
たくさん泣いてしまう子は、なるべく泣きやむまで抱っこしたり、ひざに抱えてあげたり、スキンシップをとるようにします。どうしても泣く子優先になってしまいますが、泣かずに緊張を抱えている子にもスキンシップを心がけてください。

ひとりになれる場所づくり
泣きやまない子をむりに泣きやませる必要はありません。最初のうちは、ついたてなどでしきりをつくってひとりになれる場所を用意して、「ここで思いきり泣いていいよ」と伝えます。安心できる居場所をつくってあげると、慣れるのが早いでしょう。

家庭と連携する
家庭との連続性をつくれるよう保護者から好きなおもちゃなどを聞いておき、園でも似たようなおもちゃを用意します。また、初めてわが子を預ける保護者も不安でいっぱいです。保護者の不安も受け止めるよう心がけます。

新人担任が知っておきたい！
0・1・2歳児保育の
キホンまるわかりブック

CONTENTS

受け入れ時は健康チェックのチャンス！

切り取り式ポスター
健康観察のチェックポイント
発しんと皮膚トラブル

はじめに ……… 2
本書の使い方 ……… 3
0・1・2歳児の育ちと保育のかかわり ……… 4
保育者の1日を見てみよう！ ……… 10
子どもの育ちと保育の1年間の流れ ……… 14
特に心を配りたい！ 受け入れ期（4-5月）は"安心感"を大切に ……… 16

第1章 0・1・2歳児の育ちを支えよう

たくさん話しかけて心を通わそう！

新・保育所保育指針等が施行されます ……… 22
心も体も劇的に成長する 0・1・2歳の育ち ……… 24

0〜6カ月の体・心の発達と保育のコツ
温かみのあるふれあいが人への信頼を育む ……… 26

6カ月〜1歳の体・心の発達と保育のコツ
ものへの興味・関心を共有しよう ……… 28

1歳の体・心の発達と保育のコツ
自我が芽生えはじめる1歳の思いをとらえよう ……… 30

1歳の体・心の発達と保育のコツ
1歳の「自分の世界」を知って、伸ばそう ……… 32

2歳の体・心の発達と保育のコツ
2歳の「つもり」を理解しよう ……… 34

CONTENTS

2歳の体・心の発達と保育のコツ
気持ちの切り替えのお手伝いをしよう ……… 36
泣いている子の思いを受け止めよう ……… 38
指差しはコミュニケーションの大事な一歩 ……… 40
子どもの気持ちに寄り添うための言葉かけ ……… 42
行動に隠された心の声を言葉にしてあげよう ……… 44
言葉が出はじめたころのやりとり ……… 46
イヤイヤ期を乗り越えて、自律に導くには ……… 48
食べる楽しみを知る授乳と離乳食 ……… 50
毎日の食事を楽しい時間にしよう ……… 52
心地よい環境で質のよい睡眠を ……… 54
よく食べ・よく遊び・よく眠る生活リズムをつくろう ……… 56
排泄の自立に向けて、一人ひとりをよく見よう ……… 58
生活習慣の自立は流れで見につける ……… 60
配慮が必要な子どもの対応はひとりで抱え込まない ……… 62

保育者の心がまえチェックリスト ……… 64

第2章 子どもが夢中になれる遊び

やりたい遊びをとことんやらせてあげましょう！

0・1・2歳の遊びで大切なこと ……… 66
環境づくりのポイントは「物」「空間」「時間」「人」……… 68
子どもの心を豊かにするたくさん笑える遊び ……… 70
ハイハイ・つかまり立ちの時期の遊び ……… 72
歩く・走る力を育てる遊び ……… 74
ひとり遊びにじっくり取り組める手助けを ……… 76

保育者が遊びのきっかけをつくるコツ ……… 78
ごっこ遊びを楽しむためのかかわり方 ……… 80
手指をしっかり動かして発達を促す遊び ……… 82
感性豊かに思いを表現する遊び ……… 84
絵本・紙しばいの楽しさに触れるために ……… 86
園庭での遊びを自由に広げてみよう ……… 88
さんぽ・公園で心も体ものびのびと遊ぼう ……… 90

遊びのトラブル対策①
かみつき・ひっかきの予防と対応 ……… 92

遊びのトラブル対策②
おもちゃの取り合いは両方の気持ちを認めて ……… 94

遊びのトラブル対策③
ケンカが起きてしまったときの対応 ……… 96

環境づくりでしっかり予防！ 遊びのなかのケガ・事故 ……… 98

第3章 保護者との信頼関係を築こう

子どもの成長を保護者と一緒に喜べる！

保護者に共感することから始めよう ……… 100
登園時は保護者の心を開く大きなチャンス ……… 102
降園時は保護者と1日を共有し、明日以降につなげる ……… 104
保護者から信頼される保育者になるには ……… 106
耳を傾けてもらえる！ お願いやトラブルの伝え方 ……… 108
保護者から相談を受けたときはまず思いを受け止める ……… 110
配慮を必要とするケースは、決めつけず、話をよく聞く ……… 112
個人面談、保護者懇談会を成功させよう ……… 114

CONTENTS

実例から見る読まれるクラスだよりのポイント ……… 116
心が通う連絡帳の書き方① 内容編 ……… 118
心が通う連絡帳の書き方② お悩み編 ……… 120
これってOK? NG? 連絡帳のマナー ……… 122

第4章 仕事のスキルアップを目指そう

わからないことは抱え込まずに先輩やリーダーに相談を！

保育を取り巻く環境は変化している ……… 124
保育士として守るべきモラル（倫理観）とは ……… 126
職員のひとりとして、チームワークを育もう ……… 128
悩んだときは抱え込まず、先輩に相談を ……… 130

よくある保育の仕事のお悩み Q&A ……… 132

週のリーダーとして、役割を果たすために ……… 134
指導計画の書き方のポイント　0歳児クラス ……… 136
指導計画の書き方のポイント　1歳児クラス ……… 138
指導計画の書き方のポイント　2歳児クラス ……… 140
日誌や記録の書き方のポイント ……… 142
ケガ報告書・ヒヤリハット報告書の書き方のポイント ……… 144
研修を利用してスキルアップしよう ……… 146

防災対策・避難訓練などで万が一のときに備えよう ……… 148

巻末
知っておきたい！ 子どもがかかりやすい病気・アレルギー ……… 150

第1章

0・1・2歳児の育ちを支えよう

0歳 1歳 2歳
新・保育所保育指針等が施行されます

保育所保育指針って？

国が定めた保育内容のガイドライン

保育所保育指針は、国が求める保育内容の基本的な考えを示したものです。新しい制度や最近の社会状況を考慮して、約10年ぶりに改定され、平成30（2018）年4月より施行されます。これまでバラバラだった幼稚園やこども園のガイドラインとも考え方が統一され、養護と教育の一体化の重要性が説かれています。

全年齢で養護と教育の一体化を大切にしていく

育みたい知識・能力として「心情」「意欲」「態度」が重要であるという考え方は従来通りです。小規模・多機能な保育サービスが展開されるなか、質の高い保育が求められています。

乳幼児保育・教育に関する三法令

● 幼稚園教育要領
文部科学省により公示された、幼稚園での教育の基本方針

● 保育所保育指針
厚生労働省により公示された、保育所での保育の基本方針

● 幼保連携型認定こども園 教育・保育要領
文部科学省と厚生労働省により公示された、教育・保育の基本方針

ここが変わった！
新・保育所保育指針

1 「総則」に養護のことが明記された

今回の改定で、保育所は幼児教育施設であると明示されましたが、同時に福祉施設であることは変わりません。大前提として、子どもの健康を保護し成長を助ける「養護」が、日々の保育で重要なものであることが「総則」のなかで記されました。

2 「保育課程」の名称が「全体的な計画」に

「保育課程」は、その園がどのように子どもを育てていきたいかを示す、屋台骨のようなものです。この呼び名が「全体的な計画」に変わることによって大きな変化はありませんが、より、指導計画などとの連動が高くなるイメージを持てると思います。

3 「幼児期の終わりまでに育ってほしい姿」10項目が入った

「10の姿」は、意欲や態度など小学校入学までに期待する子どもの姿がまとめられたものですが、必ずしも全員ができなくてはいけない目標ではありません。子どもたちのなかにこの姿が育つように配慮しているか、保育者が確認するためのものととらえましょう。

4 発達に合わせた保育の内容をよりていねいに記載

一人ひとりの発達プロセスに寄り添う保育が重要であることは今までと変わりませんが、「乳児」と「1歳以上3歳未満児」「3歳以上児」と項目が分かれたことにより、とくに0・1・2歳児の保育について、ねらいや内容がていねいに記載されるようになりました。

5 アクティブラーニングが取り入れられた

子どもの学びに対して「何を」だけでなく「どうやって」学ぶかに着目した、アクティブラーニングが取り入れられることになりました。学ぶ楽しさを知り、自分から学ぶ姿勢を育むことが、これからの保育の現場には求められています。

6 アレルギーへの対応や食育の重要性が説かれた

近年、アレルギーを持つ子が増えています。一歩対応をまちがうと命の危険にかかわるため、園内での周知徹底が不可欠です。また、食べものに対する興味や大切にする気持ちを育むことは、心身の健康につながるため、食育の位置づけが高くなっています。

\ 先生からアドバイス /

> 保育所保育指針は保育の原点。壁にぶつかったり、自分の保育に自信が持てなくなったときは特に読み直してみるとよいでしょう。

`0歳` `1歳` `2歳`

心も体も劇的に成長する
0・1・2歳の育ち

発達のプロセスを知って、その子に必要な援助をしよう

子どもの体・心・脳はそれぞれがつながりあいながら、順を追って成長していきます。特に0・1・2歳代は発達のスピードが速く、日に日に変化が見られるほど短いスパンで変わっていくものです。保育者にとって重要なことは、運動機能や心、言語がどのようなプロセスで成長するのか、その順序性を知り、それぞれの子どもの発達段階に応じて、そのときに必要な援助をすることです。

0歳

いろいろなものに興味を持ち、目で見て、手で触り、ときにはなめて確かめようとします。体の発達も著しく、心と体が連動しながら興味の範囲をどんどん広げていきます。

1歳

人間としての第一歩を踏み出すのが1歳といわれています。自分と自分以外の区別もつくようにもなり、「自分は自分。だから自分で決めたい」という自我が芽生えます。

2歳

全身でバランスをとって活発に走り回れるようになるのが2歳です。手指の動きも著しく発達し、脳の大きさも大人の5分の4くらいまで成長します。イメージを共有して遊ぶことができるようになり、友だち関係も育ってきます。

押さえておきたい！ 0〜2歳の発達の順序

全身
首がすわる
↓
寝返りする
↓
おすわりする
↓
ハイハイする
↓
つかまり立ち
↓
つたい歩き
↓
ひとり立ち
↓
ひとり歩き
↓
片足立ち
↓
走る

手指
見たものをつかむ
↓
指先でつまむ
↓
なぐり描きをする
↓
積み木を積む
↓
スプーンを持って食べようとする
↓
ビンのふたを回せる
↓
円が描ける

心
泣く・笑う
↓
人見知りをする
↓
周囲に興味を示し探索活動をする
↓
自分と他人の区別がつくようになる
↓
自分の「つもり」やこだわりが強くなる

言語
喃語(なん)が出る
↓
指差しをする
↓
初語・一語文を話す
↓
二語文を話す
↓
三語文を話す
↓
会話ができる

第1章 0・1・2歳児の育ちを支えよう

発達の速さにも個性あり。個々の段階を見極めて

発達の順序性を知っておくことは大切ですが、月齢や年齢を指標にして「この子は10カ月なのに、寝返りがまだできない」と「できる・できない」を評価するのはさけましょう。子ども一人ひとりに個性があるように、発達のスピードも個性があります。保育者に求められるのは、それぞれの子どもの発達段階を見極め、次に進むために必要な援助をして、個々の発達を保障することです。

先生からアドバイス

0歳 1歳 2歳　　0〜6カ月の体・心の発達と保育のコツ

温かみのあるふれあいで人への信頼を育む

泣く、笑う、目を合わせるで気持ちを伝える

首がすわると、気になるものを目で追う追視ができるようになります。そして、平面だった視界が奥行きや高さのある立体の世界に広がっていきます。視界が広がることにより、脳への情報量が増え、脳が発達していきます。また、生まれて間もないころから「人を求める気持ち」があるのが人間です。この月齢では「泣く」「笑う」「喃語」「目を合わせる」といったことから、自分の気持ちを伝えます。保育者がその思いを受け止め、対応することで人との結びつきを覚え、愛着関係を築いていきます。そしてこれが心の育ちの土台となります。

体の発達

- 哺乳に必要な吸いつき、嚥下機能を備えている（→授乳についてはP.50参照）
- じっと見たり、音や声のするほうを見る
- 首がすわる
- 寝返りをする
- 体重の増加、身長の伸びが著しい
- 自分の手足をなめたり、触れたものを握り、口へ運ぶ

心の発達

- 泣くことで不快を訴える（→泣いている子のあやし方はP.38参照）
- 人とのかかわりのなかでよく笑う（→笑わせる遊びについてはP.70参照）
- 喃語を話す
- 目を合わせる

子どものサインに応えて

愛着関係を築こう

第1章 0・1・2歳児の育ちを支えよう

愛着関係とは

子どもと親あるいはそれに代わる特定の人との間に、くり返し行われる日常的な世話を通じて、心理的なきずなが形成されていきます。それを「愛着関係」と呼びます。子どもは特定の人に甘えて依存しながら、人を信頼する気持ちを培い、人とのコミュニケーションの楽しさを感じていきます。また、愛着関係が形成されると、やがて自我が芽生え自立へと進んでいきます。

アイコンタクトは
コミュニケーションの原点

乳児は、人と心を響き合わせたい、コミュニケーションをしたい気持ちを強く持っています。そして、乳児こそ人の表情や感情にとても敏感であるといわれています。目を見つめ合うことで、大好きな大人と気持ちのやりとりをするのです。

喃語で語り合う

生後2カ月ごろから「あー」「うー」と音声を発するようになります。それに対して大人が同じような音声を発したり、「お話ししてるんだね」と答えてあげると発声行動がさかんになり、コミュニケーションの楽しさを感じるようになります。

生理的欲求にていねいにかかわる

短いスパンで睡眠・哺乳をくり返すのがこの時期です。授乳やおむつ交換などのお世話を保育者が日々愛情を持って行っていくことで、「この人は自分のお世話をしてくれる人だ」と認識するようになり、愛着関係が形成されていきます。

言葉を発しない時期こそ「魂」でかかわる保育を

まだ言葉で自分の思いを発することがない時期であっても、子どもは人とのつながりを求めています。泣いて不快感を訴えたときには、授乳やおむつ替え、あやすなどの世話をすること、笑ったときは笑顔で見つめ返すこと。言葉が出ないからこそ、魂を通わせるような保育が求められます。すぐには泣いている理由がわからなくても「知りたい」「理解したい」という気持ちがあれば、必ず子どもにも伝わります。

先生からアドバイス

`0歳` `1歳` `2歳`

6カ月〜1歳の体・心の発達と保育のコツ

ものへの興味・関心を共有しよう

おすわりができ指差しもできるように

おすわりができ、両手が自由になることで、手指の操作性が高まり、目と手と口を協応させて使えるようになります。ハイハイができるようになると、自由に動きまわれる喜びを感じ、行動範囲も広がります。同時にものへの関心も強くなり、そこで興味を持っているものを大人が一緒に見てあげることで、感情交流が豊かになっていきます。

体の発達

- おすわりができる
- ハイハイやつかまり立ちができるようになる（→この時期の遊びはP.72参照）
- 手のひらでつかむことから二本指（親指と人差し指）でつまめるようになる（→手指を使った遊びはP.82参照）
- 歯が生え始める
- 体重は1年で約3倍、身長は約1.5倍になる
- 活発に手足を動かし、さまざまな動きをする

心の発達

- 子どもと保育者で見ている対象（花、動物など）を共有する（三項関係の成立）
- 指差しによって要求や喜びを伝える（→指差しについてはP.40参照）
- ものに名前があることがわかる
- ものの永続性を理解する
- 人見知りをする

子どもをよく見て
知的発達に合わせた対応をしよう

第1章 0・1・2歳児の育ちを支えよう

ものを介してコミュニケーションをする

子どもが何かを興味深く見つめているのに気づいたら「あそこにワンワンがいるね」など、同じものを見ていることを伝えます。そこから人と興味・関心の対象を共有する三項関係が成立するようになり、自分の見つけたものを大好きな人に知らせようと指差しが出るようになります。指を差したときに、大人から「お花きれいだね」と反応があることで、ものに名前があることも学んでいくのです。

「ものの永続性の理解」で遊びが広がる

8カ月くらいになると、目の前にあるおもちゃを布で隠しても、そこにあるとわかり、布をめくって確認しようとします。これを「ものの永続性の理解」といいます。目で見えていないものだとしても、「ここにある」と思い浮かべる力がつくことで、想像力が育まれます。「いないいないばあ」などの遊びを楽しめるのも、ものの永続性を理解しているからです。

人見知りをするのは愛着関係ができている証(あかし)

概ね生後8カ月ごろから、見慣れない人が近づくと不安そうにしたり、泣いたりするようになります。これは「よく知っている人」と「知らない人」を見分ける能力を身につけたということ。また、特定の人との間に、愛着関係が結ばれたことの指標にもなります。人見知りをマイナスにとらえず、順調な知的発達の表れと受け止めましょう。

赤い車に乗りたいね

子どもの興味に言葉で寄り添っていく

おすわり、ハイハイ、つかまり立ちと視界が広がっていくことで、さまざまなものに興味を持ち、理解が進んでいく時期です。自分がしてほしいことがあると「あっあっ」と声を出したり、新しいものや好きなものを発見して指差しをしたとき、保育者はできるだけていねいな言葉かけで対応します。その反応を通じて、子どもはより積極的に大人にはたらきかけることを覚えていくのです。

先生からアドバイス

0歳 **1歳** 2歳　　1歳の体・心の発達と保育のコツ

自我が芽生えはじめる1歳の思いをとらえよう

基本的な体の動きを獲得し、一語文が出る

歩くことの喜びを知り、人間としての第一歩を踏み出す時期です。歩く以外にも基礎的な体の動きを獲得し、行動範囲も広がっていきます。イマジネーションが発達し、一語文も出てくるのにつれて、ものに名前があることや自分に名前があることを理解し、自他の区別がついてきます。そこから自分で決めたいという要求、自我が出てくるのです。

体の発達

- ひとりで立つ、歩く、走る、階段の昇り降り、くぐる、しゃがむ、またぐ、押す、引くなど基礎的な体の動きができるようになる（→歩く・走る時期の遊びはP.74参照）
- 活発に動きまわり、転んでも起き上がったり、方向転換したりができるが、急に止まることはできない
- 積み木を積む、なぐり描きや容器や袋にものの出し入れなどができる

心の発達

- 初語、一語文を話し始める
- いろいろなことに興味を示し、探索活動をする
- 自分と他人の区別がつくようになり、自我が芽生え始める
- 「待っててね」「○○を持ってきて」などの言葉の意味を理解して行動できる
- 友だちと同じことがしたい、同じものを持ちたいという気持ちが強くなり、トラブルが起きやすくなる。（→友だちとのトラブルはP.92～97参照）

子どもの行動から
思いをとらえて通じ合おう

第1章 0・1・2歳児の育ちを支えよう

一語文に込められた思いをくみ取る

この時期の子どもは、一語文を発することで大人に思いを伝えようとします。保育者は子どもが発する一語に隠れた思いを表情や前後のできごとなどから読み取り、「ブーブ、自動車が好きなのね」と言葉で補いながら、会話を通じて、気持ちが通い合う喜びを満たしてあげることを意識しましょう。

ブーブ、かっこいいね！

子どもの思いを尊重する

自分に名前があることを理解した子どもたちは、自分の好きなものに執着するようになります。好きなものや好きな人、お気に入りの場所などすべてが「自分のもの」なので、ほかの子と取り合いになることも。「このおもちゃがほしかったんだね」とその子が伝えたかった気持ちを言葉にすることで、気持ちが落ち着きます。

探索活動を存分にさせる

自分の興味のままに行動し、いろいろなものを手に取って試す探索活動によって、子どもは知識を広げていきます。それを「ダメ！」「やめなさい！」と禁止されてしまうと、自分の興味や関心に従って行動しようとする自発性が育ちません。園では探索活動が十分にできるような環境づくりを心がけましょう。

子どもの主張を受け止め、折り合いをつける提案を

一語文が出て、自我が芽生えてくる時期は、友だちだけでなく、「片づけてごはんにしようね」などの保育者の言葉にも「イヤ！」「ダメ！」と言うことも。そのときも「ごはんの時間だからやめます！」と指示するのではなく、「もっと遊びたかったんだね。もう少しやったらおしまいだよ」と主張を受け止めたうえで、折り合いをつけるような提案をしてみます。人とぶつかり、折り合いをつける経験がとても大切です。

先生からアドバイス

0歳 **1歳** 2歳　　1歳の体・心の発達と保育のコツ

1歳の「自分の世界」を知って、伸ばそう

悩み1

Kちゃんは指差しはしますが、なかなか言葉が出てきません。

これで解決！

① 言葉を聞いて行動に移せるかをチェック

言葉が出るかどうかの前に、言葉を聞いて理解して、行動ができているかが大切です。日常生活のなかで言葉をかけ、それが理解できるか観察してみましょう。保育者が「手を洗ってきてね」と言うのを聞いて、手を洗いに行くことができるなら、言葉を聞いて理解し、それに合わせて行動もできるということです。

② 言葉の発達は個人差が大きいので、その子自身の発達に目を向ける

言葉の育ちは発達のなかでも個人差が大きい部分です。指差しが出ていて、大人の言葉を聞いて理解する能力が育っていれば、いずれ言葉が出てくるでしょう。「アーアー」「ウーウー」など音声が出ているなら、「おなかがすいたからごはんが食べたいんだね」など子どもの気持ちを言葉にしてあげましょう。

悩み2

Rくんは目を離すとすぐ手洗い場に行って水を出し、あたりを水びたしにしてしまいます……。

これで解決！

1 「ダメ」とは言わず、何が困ったことなのか説明する

びしょびしょになるとすべっちゃうからやめよう

いきなり禁止するのではなく、「床が濡れるとお友だちがすべっちゃうから」と何が困るのかを伝えます。そして、「お外で水遊びをしようか」などと好きな遊びが続けられる提案をします。

2 一緒に片づけをする

拭いてきれいにしようか

「こぼれたお水を拭こうね」と、保育者と一緒に後始末をさせます。そのままにしては困る人がいるということを、感じられるようにしましょう。

これは NG

すぐにやめさせて移動させる

何か知りたいこと、気になることがあって始めたことを、解決しないままやめさせられるのは嫌なものです。子どもは「気持ちをわかってもらえない」とも感じるでしょう。まず「お水って気持ちいいよね」など、その子が何に注目して楽しんでいるのかを言葉にしてあげたあと、水を出す量を減らすなど、なるべく困らない状況にして、しばらく見守ります。

一見困った行動も「探究心」や「自分」の表れです

興味や関心がどんどん広がっていくこの時期。指差しもたくさん出てくるでしょう。そして、「ティッシュは箱のなかにどのくらい紙が入ってるのかな？」「落としたらどんな音がするのかな？」といった探求心から生じた行動が、大人からはいたずらに見えることも。けれど、子どもたちは大人を困らせようとやっているのではありません。できる範囲で見守ってあげたいものです。

先生からアドバイス

2歳の体・心の発達と保育のコツ

2歳の「つもり」を理解しよう

高度な協応運動ができイメージを言葉で伝えられる

三輪車に乗るときは、目で進む方向を確認し、両手でハンドルを操作し、足で地面をけるなど、高度な協応運動ができるようになるのが2歳代です。手指も発達し、左手で紙を持ち、右手ではさみを使うような、左右違う運動を同時にすることもできます。自分のイメージを言葉で伝られるようになり、それを友だちと共有できることから、ごっこ遊びも始まります。一方、自分のこだわりが強くなります。

まてまて〜！

体の発達

- 手・足・全身を思うように動かせるようになる
- でこぼこ道や溝を乗り越えるなど、小さな障害があっても状況に合わせて歩くことができる
- バランス感覚が発達する
- ボールを転がす、スプーンやフォークを使って食べる、両手を使ってボタンのはめ外しをするなど、手指の機能が発達する

心の発達

- 自分の気持ちをうまく言葉にできず、思いどおりにならないとかんしゃくを起こす
- 自分のつもりやこだわりが強くなる（→イヤイヤ期についてはP.48参照）
- ひとりでできることが多くなる
- 友だちが気になるものの、意思疎通はまだうまくできず、ぶつかり合いが多くなる（→友だちとのトラブルについてはP.92〜97参照）
- 「これなに？」「どこ？」など具体的なことに関する質問が増える
- 見立て遊びやごっこ遊びをするようになる（→ごっこ遊びについてはP.80参照）

> 子どもの気持ちに寄り添って

「つもり」のぶつかり合いの橋渡し

子どもの「つもり」を保育者が言葉にする

内面には「自分はこうするつもり」という意思があるものの、まだ言葉で説明するのは難しい時期です。大人や友だちと「つもり」がぶつかって激しく怒ったり泣いたりすることも。保育者から「こうしたかったんだね」と言葉にしてもらうことで、だんだん自分の思いを言葉にできるようになります。

友だちどうしのコミュニケーションの橋渡しをする

お気に入りの友だちができて、仲よくしたいと思う時期ですが、友だちが自分の思ったようにしてくれないと、押したりたたいたりする子も出てきます。保育者が間に入り「○ちゃんと遊びたかったんだね。そういうときは遊ぼうって言おうね」と適切なかかわり方を伝えていくことが大切です。

好きなことでたっぷり遊べる環境をつくる

友だち遊びがしたい子どもには、友だちとごっこ遊びができるような道具・遊具を提供します。一方で、友だちと遊ばずじっくりひとり遊びをしたい子どもには、ひとり遊びをする子をほかの子がじゃますることがないように守ってあげることにも気を配りましょう。（→P.76、P.80）

Kくんにはそろそろ声をかけようかな

自分の思いを言葉にするための援助を

2歳児は内面にある「つもり」を言葉にできず、行動で表してしまうため、大人には自分勝手で困った子に見えてしまうこともあります。それも「つもり」をどう言葉にしたらいいかがわからないためです。保育者は困った行動を怒るのではなく、「このおもちゃが使いたかったんだね」など気持ちをくみ取り言葉にしてます。やがて少しずつ言語化できるようになり、困った行動は減っていきます。

先生からアドバイス

0歳 1歳 **2歳** 　**2歳の体・心の発達と保育のコツ**

気持ちの切り替えのお手伝いをしよう

悩み1

Kくんは何でも自分がいちばんはじめに遊べないとかんしゃくを起こします。

これで解決！

① まずは子どもの感情を言葉にして受け止める

「Kくんはいちばんにボールで遊びたかったんだね」と子どもの思いを言葉にしてあげましょう。自分が何を言いたかったのか、わかってもらえることで、感情がおさまっていきます。

② 自分で乗り越えられるように待つ

騒いだり泣いたりするのは、どうしたらいいかとっさに判断できず混乱しているのです。それを全身で表し出すことで、やがて気持ちがおさまります。保育者は「今、どうしていいかわからなくて困っているんだね」と気持ちを言葉にして、やさしく見守ります。

③ その子がおもちゃの順番をゆずれたとき、その気持ちをほめる

Kくんの気持ちを受け止めたうえで、「Hくんもボールで遊びたかったんだって」と、保育者が友だちの思いも言葉にすると、友だちの思いに気づき、ときにはゆずってあげることもできるでしょう。そのときには「ゆずってあげられたね」としっかりほめます。

悩み2

今年の2歳児は、落ち着きがなくていつも走りまわっています。

これで解決！

1 体をたくさん動かせる空間・時間を持つ

一瞬もじっとせず、走りまわっていることも2歳児の特徴といえます。体力がついてエネルギーがある時期なので、園庭などの戸外遊びで体をたっぷり動かす時間を確保するようにしましょう。

先生と鬼ごっこしよう

2 遊びに集中できるきっかけをつくる

まわりでたくさんの友だちが遊んでいると、目移りをしてしまい、落ち着きがなくなることもあります。「あさがおの様子を見に行こう」など、子どもが喜ぶようなめあてを一緒に見つけてあげるとよいでしょう。

花だんを見に行こうか

これは NG

静かにするように注意ばかりする

「静かにしなさい」と言われても、まだ自分をコントロールできない2歳児には難しいものです。一瞬は静かにできても、集中できる時間が短いので、またすぐに動き出してしまうでしょう。そのたびに注意していると、子どもにも「自分は静かにできないダメな子なんだ」と思わせることになり、自己肯定感を損なってしまいます。

自分をコントロールする「自律」ができるよう導く

自我が芽生え、自分の「つもり」やこだわりが強くなっていく2歳児ですが、それをコントロールできる力はすぐには身につかないものです。落ち着きのない子には「静」と「動」それぞれの遊びができる環境をつくってあげることが大切です。かんしゃくを起こす子も、「こんな思いがあるんだね」「一生懸命闘ってるんだね」と思いを言葉にして受け止めます。支えてくれる人がいるとわかると、次第に立ち直る力がついてきます。

先生からアドバイス

第1章 0・1・2歳児の育ちを支えよう

泣いている子の思いを受け止めよう

0歳 1歳 2歳

悩み1

あやしても泣きやまないときに
どうすればいいか
わからなくなります。

これで解決！

子どもの身になって泣いている理由を言葉にする

泣くことは「訴えの言葉」です。なぜ泣いているのか、何を訴えているのかをわかってあげることが大切です。抱っこなどスキンシップをとりながら、子どもの身になって「おなかがすいたかな？」「ひとりで寂しくなっちゃった？」と思い当たる理由を聞いてみましょう。おなかがすく時間なら授乳を、寂しくて泣いているようなら、少し遊んであげるなど、その訴えに応えます。

眠たくなっちゃったかな

ここに注意！
泣く子のあやし方

1 よく泣く子だからといって放っておかない

いつも泣いているからといって、放置してしまうと、次第に人への関心がうすれ、「訴えること」をあきらめてしまいます。「泣いたら人が来てくれた」という気持ちを持てることで、人と交わることを知り、交流をしたい気持ちにつながります。

2 泣かない子にも手と言葉をかけること

泣いて気持ちを訴える子には、泣きやませるために保育者が手をかけることになりますが、あまり泣かない子にもお世話をしてほしい気持ちはあります。泣くことが少ないおとなしい子もしっかりあやしてスキンシップをするなど、交わりを忘れずに。

3 保育者はおだやかな気持ちで

泣き声に対して保育者がイライラしていたり、不安な気持ちで応じると、子どもにもそれが伝わり、ますます泣いてしまうことにも。なかなか泣きやまないときは焦らず、あやし言葉や唱え歌、保育者が好きな歌を歌ってあげると、保育者も子どもも気持ちがしずまっていきます。

やってみよう！

あやし言葉＆唱え歌

「泣く子は山のきじの子
なかん子はおらん
うちの母ちゃんの子」

「ほれほれ雨が降り出した
空のべそかき泣き出した」

「泣こうか、とぼうか、
とぼうか、泣こうか？
泣こよか　ひっとべ
ひっとべ」
（たかいたかいをする）

泣いているときこそおだやかな気持ちで接して

子どもが泣いていると、「泣きやませなければ」と考えがちです。でも、それよりも大切なのは泣いている理由をわかってあげることです。生後2、3カ月以降、夕方になると理由もなく泣く「たそがれ泣き」なども始まり、ときには泣く理由が思い当たらないこともあります。そんなときも「わかりたいけどわからなくてごめんね」と笑って伝えます。泣く子が不安にならないよう、保育者がおだやかな気持ちで接することが大切です。

先生からアドバイス

指差しはコミュニケーションの大事な一歩

Case 1

Rちゃんがちょうちょうを見つけて指差しています。このときどんな声かけをしますか？

　「あれはちょうちょうだよ」と名前を伝える

　「ちょうちょうが飛んでいるね。きれいだね」と気持ちを言葉にする

\ よい対応は /

子どもが言いたいことを言葉にする

指差しは大人と同じものを見つめ、共有する行為です。子どもは指を差したものの名前を知りたいというよりも、自分が新しいもの・好きなものを発見したことを伝えたいのです。保育者はその気持ちを受け取り、その子が言葉を話せたらどんなことを話すかを想像し、それをていねいに言葉にして共感しましょう。

知っておきたい！
指差しの意味

1 自分の要求や発見を伝える

珍しいもの、好きなものを発見したときに、自分の発見を大好きな人に伝えるコミュニケーションの道具として指差しが出てきます。発見の喜び・感動を分かち合いたいという気持ちもあれば、「取ってほしい」「食べたい」といった要求を伝えたいときにも指差しが出てきます。

2 言葉の前兆になる

指差しをしたものに大人が「ブーブ乗りたいね」「ちょうちょうが飛んでたね」と言葉をかけることで、ものに名前があることがわかり、指を差す行為と言葉がつながっていきます。また指差しを通じて自分の要求や気持ちが伝わる喜びも味わいます。だからこそ指差しが言葉の前兆になるのです。

指差しのあとの子どものまなざしに応えよう

子どもは指差しをしたあと、一緒に見てほしい大人の顔を見ます。そのとき大人から「ワンワンがいたね」「お花きれいだね」などの言葉が返ってくることで、子どもは発見・感動・驚きを共感してもらえたことを感じます。そうした経験から、子どもはさらに積極的に大人にはたらきかけ、反応を求め、コミュニケーションの楽しさを実感していきます。

指差しに対する共感が言葉につながる

指差しで大好きな大人に自分の気持ち、要求が伝わることは、子どもにとってどれほどの喜びになるでしょう。もし、指差しをしても大人がメッセージを受け取ってくれなかったら、やがて子どもは気持ちを訴えることをやめてしまうでしょう。指差しをして伝えようとする気持ちに共感した言葉をかけることが、ものの名前の理解や状況を理解する認知力の発達につながっていきます。

先生からアドバイス

【0歳】【1歳】【2歳】

子どもの気持ちに寄り添うための言葉かけ

Case 1

Hくんが走っているときにつまずいて転んでしまい、「痛い、痛い」と泣いています。あなたはどう声をかけますか？

「転んで痛かったね」となぐさめる

「これくらいなら痛くないよ」と励ます

よい対応は

共感の言葉で子どもの心は安らぐ

「これくらいなら痛くないよ」と励まし、早く立ち直ってもらいたいというのは、大人の都合の押しつけです。子どもは「痛い、痛い」と訴えているのですから、「痛かったね」と受け止めてもらうことで、心が安らぐのです。そうして思いを受け止めてもらったという経験が人への信頼を育むことになります。

知っておこう！
子どもに伝わる話し方

1 言葉をくり返す

同じ言葉をくり返し聞くことで、子どもは言葉を獲得していきます。「痛い痛いだったね」。など、意識して言葉をくり返してみてください。

2 ゆっくり・はっきり話す

大人には普通のスピードでも、子どもは聞きとれないことがあります。すると、話している内容が伝わりません。ゆっくり、はっきり話すことを心がけましょう。

3 声のトーンを高くする

子どもは高い声によく反応します。高い声は通りやすく、子どもにとって心地よいものなのでしょう。話し声のトーンが低い人は、少し意識しておくといいでしょう。

4 表情豊かに話す

子どもは大人の表情を敏感に感じ取る力を持っています。うれしいことは笑顔で、悲しい話は悲しい気な顔で伝えることで、表情と言葉の内容をつなげて認識します。

言葉かけは伝わりやすさも大切に

子どもの気持ちに寄り添った声かけをすることが何より大切ですが、せっかくかけた言葉も、子どもに伝わらなければ意味がありません。表情が豊かで、ゆっくり、はっきりした口調でわかりやすく話す保育者は、子どもだけでなく保護者やほかの保育者にもよい印象を与えます。言葉が伝わりにくいと感じる場合は、話し方を少し意識してみましょう。

先生からアドバイス

第1章 0・1・2歳児の育ちを支えよう

`0歳` `1歳` `2歳`

行動に隠された心の声を言葉にしてあげよう

悩み1

自分の思い通りにならないと、すぐに近くにあるものを投げてしまう子がいます。

これで解決！

行動に隠れた気持ちを保育者が言葉にします

まだ気持ちをうまく言葉で表せない時期の子どもは、それを行動で表すものです。保育者はその行動をしかったり、否定したりするのではなく、「なぜそんなことをするのか、心の奥にはどんな気持ちがあるのか」を子どもの立場になって読み取り、「うまくできなくてくやしかったんだね」など言葉にしてあげることが大切です。

もっと遊びたかったんだね

第1章 0・1・2歳児の育ちを支えよう

知っておこう！
子どもの行動を言葉にすることの大切さ

1 子どもは自分の気持ちをわかってもらえた喜びを味わえる

自分の気持ちを言葉にしてもらえることで、子どもは「この人には自分の思っていることが通じる」と感じることができます。思いを共有できることに喜びを感じることから、人やものへの思いやりも育ちます。

2 子どもは言葉にしてもらうことで自身の思いを自覚できる

子どもは、行動で表現していた自分の気持ちを言葉にしてもらうことで、「こういう気持ちをくやしいって言うんだ……」と自覚することができます。自分の気持ちを大人の言葉で気づかせてもらうことで、やがて気持ちを言葉で表現できるようになります。

3 わかってくれる人がいる信頼感により自己表現を促される

子どもは、自分の気持ちをくり返し言葉にしてもらうことで、自分の気持ちを確実にわかってくれる人として保育者との間に信頼を持ちます。そうした相手には「みてみて」などの行動を見せるようになり、今まで以上に活発な自己表現をしていきます。

先生みて！

これは NG

行動を否定する言い方をしない

「そんなことしちゃダメでしょ！」
「ものを投げるなんて乱暴な子ね」
「どうして友だちにいじわるするの？」

行動は言葉が出てくる前のメッセージ

自分の思いや求めていることを言葉で表現できない子どもにとっては、行動こそが自己表現です。乱暴な行動や、いたずらに見える行動も、子どもの側に立てば必ず何か理由があるはずです。行動は言葉に代わるメッセージなのです。保育者が根気よく「こんな気持ちだったんだね」と言葉にしてあげることが、保育者と子どもの信頼関係を築き、子ども自身が言葉で思いを伝える第一歩にもつながります。

先生からアドバイス

言葉が出はじめたころのやりとり

Case 1

Mちゃんが朝「たんぽぽとってきたよ」と言って見せてくれました。あなたはどう声をかけますか？

「どこで見つけたの？」とくわしく聞く

「たんぽぽとってきたんだね」とMちゃんの話から理解したことを言う

たんぽぽとってきたよ！

よい対応は

B

自分の言葉が「伝わる喜び」を味わわせて

保育者は子どもの言葉を聞いて新たに話を展開していく前に、言葉をくり返して確認してあげます。子どもは自分の言ったことをわかってもらえたという「伝わる喜び」を感じることができます。そのあとで「どこで見つけたの？」と質問を投げかけてみましょう。

> やってみよう！
一語に隠れている思いをくみ取る

同じ言葉でも子どもの思いはそれぞれちがう。それを理解して返す

同じ「ブーブ」という言葉でも、そのときの状況や子どもによって、伝えたいことはそれぞれちがいます。いつでも、誰にでも「そうだね。車だね」と返すだけではなく、想像をはたらかせて、子どもの一語文に隠された気持ちをくみ取ってみましょう。常に子どものそばにいる保育者だからこそ、隠れている思いを理解することができるのです。

＼ 例1 ／

「車がまた通ったね」

一語文には二語文以上で返す

車が通るたびに「ブーブ！」と興奮して話す子は「また自動車が通ったよ！」と保育者に伝えたいのでしょう。保育者は「自動車だね」と一語文で返すのではなく、状況を説明する言葉をつけ加え、二語文や三語文で返してあげることが望まれます。

＼ 例2 ／

「パパの車と同じだね」

その子が話した理由を考えて返す

車すべてではなく、赤い車など限定した車に「ブーブ！」という子。赤い車に何か思い入れがあるのではないかとくみ取れます。保護者が乗っている車が赤い車であるなど、その子の思いを推し計り、「パパと同じ赤い自動車が来たね」のように返してあげます。

発達に合ったやりとりが言葉を豊かにする

言葉が出はじめた時期には、保育者からの言葉の返し方にもその時期に合わせたものが望まれます。その子に合わせたやりとりを重ねていくことで、子どもは大好きな相手と言葉で気持ちを共有することや、自分の思いや考えていることが伝わるうれしさを実感できます。そして、その経験がさらに言葉を豊かにし、もっとコミュニケーションをとりたいという気持ちを芽生えさせるのです。

> 先生からアドバイス

イヤイヤ期を乗り越えて、自律に導くには

Case 1

2歳になったKくん。さんぽの時間になっても前の遊びをやめたくなくて寝転がって泣いています。

「外でも遊べるから泣くのはやめようね」と次の行動に促す

「もっと遊びたかったんだね」と言って気持ちをなだめる

よい対応は

気持ちを立て直す手助けを

自己主張の激しい2歳児は、自分の「つもり」が通らないと、寝転がって泣き続けるなど激しい行動で訴えます。自分の「つもり」と大人の要求が食いちがったときに、大人の要求通りに変えなければいけないのかどうか、とっさに判断しきれず混乱を起こすのです。この混乱した状況を「葛藤」といいます。「もっと遊びたかったね」と子どもの感情を言葉にしてあげ、あたたかく見守ることで、子どもは気持ちの立て直しができるようになります。

> 知っておこう

「イヤイヤ」に込められた子どもの成長

1 自分の思いが通らないことを理解するには時間が必要

自分の思いが通らないときにどうしたらよいかを考えるのは、自我が芽生えたばかりの子どもにはまだまだむずかしいものです。泣くこと、怒ることで感情を吐露し、しずめていけるので、待ってあげることが大切です。

2 感情を出すことで感情のコントロールができるようになる

激しく感情を吐き出して、次第に感情がおさまっていくと、自分がどう対処したらよいかが見えてくるものです。「葛藤」をくり返すことで、「自分の力で自分自身の感情をコントロールする力」を身につけていきます。

これは NG 対応！

子どもの言いなりになる

子どもが気持ちを立て直すのを待てず、「つもり」を受け入れてしまうと、自分の気持ちと行動をコントロールする経験ができず、子どもの自律の芽生えを育てることができません。子どもの言いなりになるのではなく「今、困ってるんだね」とそのときの気持ちを受け止めましょう。

  今日だけね

感情的に怒る

保育者が感情的に怒ったり、「いつまでも泣いてると、遊べないよ！」など脅すようなことを言うのもさけましょう。子どもはますますパニックになり、気持ちの立て直しができなくなります。子どもの気持ちを理解し待つことで、子どもは相手からの信頼を感じます。

  泣くのはやめなさい！

「葛藤」を受け止めることで子どもは成長する

保育者の思った通りに行動してくれない子に、手を焼くことがあるかもしれませんが、「この子はどうしていいのかかかわらず困っているのだ」と見方を変えてみましょう。「泣きたいときは泣きなさい」と「葛藤」状態を受け止めてくれる相手に対して、子どもは「自分をしっかり支えてくれる人だ」と感じます。もしまた葛藤が起きても、その人が支えてくれるから大丈夫と自信が持てるようになり、感情をおさめる力「自律の芽生え」を身につけていくのです。

先生からアドバイス

第1章 0・1・2歳児の育ちを支えよう

`0歳` `1歳` `2歳`

食べる楽しみを知る
授乳と離乳食

ミルクを飲ませるときのポイント

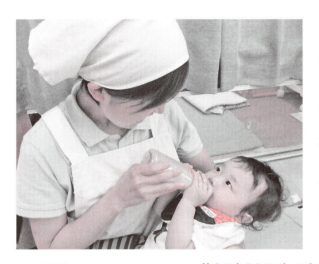

目を合わせ、ほほえみ、語りかける

授乳のときは子どもと目を合わせて、「おなかがすいてたんだね。いっぱい飲んでね」とやさしく語りかけます。授乳しながら見つめ合うことは大切な愛情交流の時間になります。

飲ませるときはビン底を高くする

ビン底が低いまま乳首を口に含ませると、空気をたくさん飲ませてしまいます。ビン底を高く持ち上げて、乳首いっぱいにミルクが満たされるようにしましょう。

しっかり抱く

おすわりがしっかりする6、7カ月ごろまでは、首を安定させ、安心感が持てるようしっかりと抱っこした状態で、授乳をします。

飲ませたあとはげっぷをさせる

飲み終わってすぐに体を動かさず「おいしかったかな？」と話しかけます。しばらくしたら、子どもを縦に抱き、背中を上から下にさすってげっぷを出します。

乳を吸う動きが心と体を育てる

授乳は栄養を摂取するだけの行為ではありません。授乳中に見つめ合うことで、子どもはいつもお世話をしてくれる人の顔を覚えます。そして、乳首を吸うことにより、口のなかの筋肉を発達させ、言葉を出すことや、食べたり飲んだりすることの練習をしているのです。

飲む量が少ない子には？

大人でも食が細い人がいるように、子どもにも飲む量が少ない子がいるのは当然のことです。飲む量が少なくても、きげんがよく、体重も増えていれば心配ないことが多いでしょう。ミルクを替えてみたり、少し薄めにつくると飲みやすくなることもあります。

離乳食を食べるときのポイント

自分で使えるように スプーンを用意

口に運ぶのは保育者が担当しますが、子どもが使うスプーンも用意しておいて少しずつスプーンを使うことに慣らしていきます。

自分でも食べやすい 環境づくりを

スープは両手で持てるような食器に入れる、手づかみやスプーンですくいやすいサイズにカットするなど、自分で食べられるようにしましょう。

自分で食べたい! 気持ちを大切に

自分で食べようとする意欲が出てきたら、それを支えるように援助します。少しくらいこぼしたり、落としたりしても「汚れたよ」「早くしなさい」と否定的なことを言わず、おおらかに見守りたいものです。食べることに飽きて「遊び食べ」をしているようであれば、「もうおしまいね」と子どもに確認して食事を片づけてしまいましょう。

食事や食材に 興味を持てる声かけをする

10カ月ごろになると、「食べるか食べないか自分で決めたい」気持ちが出てきて、好き嫌いも見られます。選ぶことが好きな時期なので「これとこれ、どっちを食べる?」と聞いてみるのもいいでしょう。「にんじんってきれいな色だね」など食材に興味を持たせるような声かけも積極的にしていきます。

アーンしておいしいね!

おやつはなるべく 手づかみで食べられる ものに

子どもが大好きなおやつは、食べる意欲も出やすいもの。子どもの指でつかみやすい形や固さのものだと、手づかみ食べができて、自分で食べる練習になります。

授乳・食事は心や脳も育てる行為

授乳や食事は、栄養を摂取する以外にも子どもがたくさんの学び・経験をする行為です。授乳中のアイコンタクトや言葉かけは、お世話をしてくれる人との愛情交流の喜びを伝え、子どもの心と体を育みます。離乳食では生きる原動力となる「食べる」意欲を育てられるよう、子どもたちの「さわりたい」「自分で食べたい」という欲求を叶える環境づくりやはたらきかけを心がけたいものです。

先生からアドバイス

第1章 0・1・2歳児の育ちを支えよう

毎日の食事を楽しい時間にしよう

Case 1

Hくんが食事中に立ち歩き、声をかけても座らず、まわりの子の食事も止まりそうになっています。

 「もうごちそうさまかな？」と言って食事を切り上げる

 食事の時間中は座って食べるようHくんにくり返し伝える

 よい対応は

食事と遊びの区別をつけましょう

「座って食べようね」と伝えたり、「ごちそうさまかな？」と聞いたりしても遊んでいるようなら、「じゃあおしまいにする？」と子どもに確認してから食事を片づけてしまいます。厳しいように思えますが、「遊び食べ」や「ながら食べ」の習慣をつけないために大切なことです。食事に集中できる環境かどうかも見直してみましょう。

Case 2

好き嫌いの多いSちゃん。どうしても苦手な野菜を食べようとしません。

 「とっても栄養があるから食べようね」と促してなるべく食べさせる

 嫌がるものはむりに食べさせず、少しでも食べられたらほめる

 よい対応は

 B

挑戦したことをほめて、食事を楽しく!

「嫌だけど、栄養があるから食べよう」と思えるのは4、5歳になってから。それまでは嫌いなものをむりに食べさせるより、「食べること」を嫌いにさせないことを優先します。「ひと口だけ食べてみようか?」と声をかけ、それでも嫌がるならむり強いはしません。別の日には気分が変わり食べられることもあるので、ひと口でも食べられたら「よく食べたね!」と認めます。

好き嫌いは「わがまま」ではなく成長ととらえて

自己主張が出てくると、それまで食べていたものを食べなくなる時期があるかもしれません。それを「わがまま」とはとらえず、味覚が発達してきた成長の表れと考えましょう。「食べたくない」というときは、「ひと口だけ食べてみない?」と誘ってみてもよいですが、本人の意思を尊重します。たくさん戸外遊びをした日は、おなかがすいて食べられることもあります。そんなときは大いにほめて、食べる意欲を引き出しましょう。

先生からアドバイス

`0歳` `1歳` `2歳`

心地よい環境で質のよい睡眠を

お昼寝のときの環境づくり

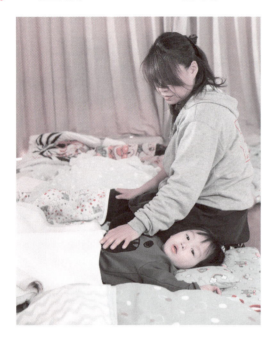

カーテンで光を遮る
日光が差し込む明るい部屋では、なかなか寝つけないものです。カーテンを閉めるなどしてできるだけ光を遮りましょう。照明もつけているときは消します。

5〜10分おきに子どもの様子を確認
目を離しているうちに、寝返りを打ってうつぶせになっていたり、寝具が顔にかかっていることもあります。様子に変化がないかこまめに確認しましょう。

スキンシップしながら安心して寝られるように
ひとりで寝つけない子には背中をさすったりしてやさしくスキンシップをすることで、リラックスして眠ることができます。

\ 必ずチェック！ /

SIDSとその予防

SIDS＝乳幼児突然死症候群は、新生児や乳幼児が突然に、事故や窒息などこれという原因もなく、呼吸を停止させ亡くなってしまう病気です。これを予防する方法は確立していませんが、発症率を下げるために保育現場で気をつけるべきことがいくつかあります。午睡をはじめ子どもの睡眠時には常に心がけておきましょう。

- うつぶせ寝にしない
- 顔にタオル等がかかっていないか確認
- 呼吸があるかを定期的に確認

午睡時の困ったこと、どうする?

1 なかなか寝つかない

いつもと環境が変わると、落ち着かず眠りにくいものです。できる限り同じ布団を使い、いつも同じ位置で寝かせるようにします。寝入るまでは、いつも世話を担当する保育者が見守ります。

2 すぐに起きてしまう

睡眠にも個性があり、眠りの浅い子どももいます。完全に起きてしまう前に、背中をさするなどスキンシップをしてあげると、安心してまた眠りにつくことができます。

3 寝起きが悪い

自分の覚醒タイミングではないときに起こされると、なかなかスッキリ目が覚めないものです。「そろそろ起きようね」と声をかけて、背中をさするなどして、子どもが自分で起きようとするのを待ちましょう。

試してみよう!

子守歌は言葉のスキンシップ

眠いのになかなか寝つけない子には、子守歌や唱え言葉を聞かせると、心が安らいで眠りやすくなります。保育者自身が子どものころに歌ってもらった歌や昔ながらの子守歌をいくつか覚えておくとよいでしょう。言葉の意味はわからなくても、歌にこめられた言葉のあたたかさやぬくもりは子どもに伝わるはずです。

「起きたらおやつを食べようね」

よい眠りのためには起きている時間の充実を

子どもが深く、ぐっすりと眠るためには、起きて活動している時間が充実していることが欠かせません。よく遊んで、よく食べることが、よく眠ることにもつながります。2歳ごろまでは寝つきも時間がかかり、途中で起きてしまうことも多いでしょう。午睡時は保育者も何かと忙しい時間ですが、ゆったりした気持ちでスキンシップを行ったり、子守歌を歌ったりすると、子どもも安心して眠れます。

先生からアドバイス

[0歳] [1歳] [2歳]

よく食べ・よく遊び・よく眠る
生活リズムをつくろう

悩み1

保護者から、子どもが夜なかなか寝なくて困っていると相談を受けました。

パパが帰ってくるとはしゃいじゃって……

これで解決！

生活リズムを整えると、自然に夜は眠りにつくように

相談してきた保護者には、「ごはんのあとのテレビをやめてお風呂に早く入ってみてはどうでしょうか」などできそうなことを聞いてみて提案します。そのうえでなぜ早寝早起きが大切なのかという知識やどんな工夫をしたらいいかをクラスだよりなどで伝えてみましょう。それぞれの家庭で早寝早起きのために行っていることをアンケートして紹介するのもおすすめです。クラスだよりにまとめることで、忙しい保護者に子どもの成長について知ってもらうよい機会になります。

保護者に伝えたい！
- 食事や入浴の時間を毎日一定に
- 成長ホルモンが出るのは夜
- 子どもの理想の睡眠時間は10時間

早寝早起きは大事なんだな

> 知っておきたい！

幼児の理想の生活リズム

朝

起床
生活リズムを整えるためには、まず早起きから。起床とともにカーテンを開けて、明るい太陽の光を浴びることで、目が覚めて活動に移ることを促します。

朝食
朝食の時間はなるべく一定にするのが望ましいでしょう。朝食をとることで、朝から腸が動き、排便リズムも整えることができます。

昼

登園

遊び　昼食　午睡
園ではしっかり体を動かし、天気のよい日は戸外遊びをします。年齢に合わせた時間に午睡をすることで、午前中の疲れを回復させることができます。

降園

遊び
夕方もしくは降園後に時間の余裕があれば、公園などで戸外遊びができるとよいでしょう。たっぷり体を動かすことで、夜の入眠がスムーズになります。

夕食

お風呂
人間は体温が下がると生理的に眠くなります。お風呂に入って体温を上げることで、その後体温が下がって眠くなるので、就寝時間から逆算して入浴時間を決めるとよいでしょう。

夜

就寝
寝る前にテレビ・ビデオを観ると興奮して寝つきが悪くなります。就寝30分前には消し、絵本を読んだり、おはなしを聞かせて、気持ちを落ち着かせます。明かりがついた環境ではぐっすりと寝つけないので、照明は暗くしておきましょう。

「寝る前には絵本を読む」など眠る前に必ず行う入眠儀式を決めておくといいでしょう。

第1章　0・1・2歳児の育ちを支えよう

保護者には「できることから」ためしてもらいます

夜遅くまではたらく保護者も増えており、早寝早起きが大事だとわかっていてもなかなか実践できないこともあります。そんな保護者の気持ちに寄り添い、忙しいなかでもできることを一緒に考え、「ごはんのあとのテレビをやめてお風呂に早く入る」など提案をしてみましょう。そして30分でも寝る時間が早くなったら、共に喜び合うことを忘れずに。

> 先生からアドバイス

`0歳` `1歳` `2歳`

排泄の自立に向けて、一人ひとりをよく見よう

おむつ交換でスキンシップ

必要なものを用意して交換台に

交換用のおむつやおしり拭きなど必要なものをすべて用意してから交換台に向かい、途中で忘れ物を取りに交換台を離れることがないようにしたいものです。子どもには「おむつを替えようね」とこれから何をするか伝えることが、生活の見通しを持ち自立へとつながり、言葉と行為をつなぐ力を育みます。

目を離さない

まだ寝返りをしない時期の子でも、激しく動けば交換台から落ちてしまう危険があります。決して目を離さないようにしましょう。交換台を使わず、床でおむつ替えをするときは肌触りのよいマットを敷きます。床に直に寝かせておむつを替えるのはさけましょう。

健康状態をチェックしよう

おむつ替えでは、便を見て健康状態を把握するのに加え、一人ひとりの排尿間隔を知っておくことが、今後のトイレトレーニングにもつながってきます。また、おむつ替えをしながら、脚や体をさすったり、動かしたりしてスキンシップ遊びをするのも大切です。

子どもが動こうとするときは……

おむつ替えの最中に寝返りをしたり、足でけったりして動こうとする子もいるでしょう。そのようなときは「○○ちゃん、ばあ！」と名前を呼んで気を引いたり、その子が好きなおもちゃを握らせて気を紛らわせるようにします。

トイレトレーニングは温かい目で見守る

トイレトレーニングで心がけたいのは、失敗しても、しからないことです。子どもとしても失敗はとても辛いことです。しかられることでプライドが傷つき、「おしっこしたくても知らせたくない」とトイレトレーニングが必要以上に長くかかることにもなりかねません。トイレに誘っても嫌がったり、まだ言葉で「おしっこ」と言えないならむり強いするのはやめておきましょう。

知っておきたい トイレトレーニングのステップ

1 体の準備ができているかをチェック

「歩行ができること」「言葉を理解できるようになること」「2時間以上おしっこの間隔が開くときがあること」の3つの条件がそろっていれば、トイレトレーニングを始めるための体の準備は整っていると考えます。トレーニングを重ねて、自分の意思で排泄できるようになるには生後2～3年かかります。

2 トイレに誘う

いつもの排尿間隔から考えて、おしっこが出そうなタイミングやぴょんぴょんとび跳ねる、体をよじるなどのサインが見られたときにトイレに誘います。最初は便座に座ると出ず、便座から下ろした途端におしっこをすることも。慣れないうちはよく起きることなので気長に見守ります。

3 半分以上トイレでできたらパンツへ

1日の排尿回数のうち半分以上トイレで排泄できるようになったら、パンツに替えてもいいでしょう。最初は失敗もありますが、パンツが濡れたり、おしっこが足をつたって流れる感覚を味わうことで、トイレでするほうが気持ちいいことを学んでいきます。

トイレで排泄する気持ちよさを感じさせる

最初はトイレでおしっこすることを怖がる子もいるでしょう。まずは、トイレでおしっこをしたほうが、おむつのなかにするより気持ちがよいと伝えることから始めましょう。そして、子どもによってちがうおしっこのサインをとらえて、トイレに誘います。そして、トイレでのおしっこに成功したら「やったね」「気持ちいいね」とたくさん言葉をかけてあげましょう。

先生からアドバイス

`0歳` `1歳` `2歳`

生活習慣の自立は流れで身につける

自分でできる！手洗いの流れ

1 手を洗う

戸外遊びから帰ってきたときや、食事の前は洗い場で手を洗います。2歳ごろになったら、石けんを使って手全体を洗うことを伝えられるとよいでしょう。

2 タオルで手をふく

自分の置き場所にしまっておいたタオルを取り出して手を拭きます。動物や植物などのマークをつけておくと「自分のはここ！」とわかりやすくなります。

3 タオルをたたむ

使い終わったタオルも自分でたたみます。保育者に援助してもらいながらくり返すうちに、1歳児でもたためるようになっていきます。

4 タオルをしまう

たたんだタオルはまた自分の置き場所にしまいます。このときも自分のマークを目印にすると、友だちのタオルと入れまちがうことがありません。

着脱もできることを順序立てて

① 身に着けているものを脱ぐ

靴下の場合は、座って脱げるようなちょうどいい高さのイスやベンチを用意しておきます。戸外との出入りでは上着や帽子などの着脱がしやすいスペースを確保しましょう。

② 自分の場所に片づける

脱いだ靴下や帽子、上着などはそれぞれ自分の場所にしまいます。タオルの置き場所と同じマークをつけておくと、なんでも「自分のマーク」のある場所にしまうようになります。

歯みがきは場所を固定して

① 歯ブラシに慣れる

2歳ごろからは歯みがきに慣れるためにもそれぞれ子どもが歯ブラシを持ち、イスに座ってみがくとよいでしょう。みがき方のお手本は、保育者がやってみせます。

② しあげみがきは保育者が

自分でひと通りみがけた子どもから順に、保育者がしあげみがきをします。歯ブラシをくわえて歩かないように、最初から最後までイスに座って行います。

「自分でできた!」を味わえる環境づくりを

子どもはみんな大人やお兄さん、お姉さんと同じように「自分もやってみたい!」という気持ちを持っています。0歳児でも、手が動かせるようになると自分でできることが何かあるはずです。年齢に合わせて環境を整えて、「できた!」を味わわせてあげましょう。「できた!」が「もっとやりたい!」とさらなる意欲につながり、子どもたちの自立を育てていくのです。

先生からアドバイス

第1章　0・1・2歳児の育ちを支えよう

0歳 1歳 2歳

配慮が必要な子どもの対応はひとりで抱え込まない

悩み1

Kちゃんは話しかけてもなかなか目が合わないので気になっています。

これで解決！

1 目が合うようにスキンシップをする

目が合うことがないなら、手を握りながら、顔と顔をくっつけるようにして話をしてみます。肩をちょっと抱いてあげるのでもかまいません。目と目が合うような体勢でスキンシップをしながら、話す関係をつくっていきます。

2 気になるときは発達の順序を振り返る

目が合うようになったら、次は音声が出ているかを確認します。音声が出ていたら、その音声を保育者が言葉にしてあげます。それができたら、興味を持ったものを一緒に見る、といった具合に、言葉が出るまでの発達の順序を振り返り、やり直していきます。

これは NG ワード

「先生の目を見てお話を聞きなさい」

この言葉は「あなたは人の目を見られない子だよ」としかっているようなものです。それを指摘されて、快く相手の目を見られる子はいないでしょう。できないことを「やりなさい」と言うのではなく、なぜできていないのか、どうすればできるようになるかを考えて、対応しましょう。

悩み2

お迎えのときに保護者が子どもをたたいているのを見てしまいました。

第1章 0・1・2歳児の育ちを支えよう

これで解決！

保育者は虐待に気づきやすい立場です

保育者には虐待を察知して通知する義務があります。それだけ虐待を発見しやすい立場にあるということなのです。お迎えのときに言う通りにしない子どもの頭をたたいたり、背中を強く押す保護者がいたら、ふだんから気をつけて見ておく必要があります。気になる傷やあざがあり「どうしたの？」と聞いても子どもが暗い顔をして何も言わないような場合は、虐待が疑われます。

ここをチェック！

- お迎えに来たときの保護者の子どもへの接し方はどうか
- 子どもに不自然な傷がないか
- 衣服や体が不潔ではないか
- 食べものへの強い執着心があるか
- 他人に対して不信感があるか

周囲と情報交換を続け、適切な対応を

発達が気になる子に、発達障害があるかどうかは、4歳くらいまでははっきりわからないことが多いものです。保育者に求められるのは「この子は困った行動をするから発達に問題がある」と決めつけず、発達の順序に合わせてかかわりを続けることです。虐待が疑われる家庭に関しては、園長やリーダーを含めて、ほかの保育者とも情報交換をしながら、園としての対応をまとめていきましょう。

先生からアドバイス

保育者の心がまえチェックリスト

保育者として働くうえで、子どもの人権を尊重することが第一です。無意識のうちに子どもを傷つけていないかほか、常に心がけておきたい事項は、ときどき振り返ってチェックするとよいでしょう。リーダーなど第三者にチェックしてもらうことも重要です。△や×をつけた場合は、その理由と今後に気をつけたいことを書きとめておくと、保育の質の向上に役立ちます。

はい ➡ ○
いいえ ➡ ×
どちらともいえない ➡ △

日付　年　月　日

No	項目	本人チェック	リーダーチェック
1	子どもの性差や個人差にも留意しながら、固定的な性別役割分業意識を植えつけることのないように配慮していますか？		
2	日ごろから、子どもに身体的苦痛を与えたり、人格を辱めるなど精神的苦痛を与えることがないようにしていますか？		
3	さまざまな特徴（障害も含め）がある子も、ない子も、一人ひとりのありのままの姿を受け止め、地域のすべての子どもが健やかに成長することを願って保育をしていますか？		
4	子どもの家庭状況は多様だという考えのうえで、今、その子に何が必要かを見極め、それぞれにとって適切な援助をしていますか？		
5	子どもが熱中しているときは、そのときの保育の内容や流れに変更が生じても、危険のない限り、その活動を見守るなどの柔軟性を持っていますか？		
6	日ごろから、子どもと一緒に思いきり体を動かして遊ぶことの重要性を理解し、楽しんでいますか？		
7	一人ひとりの子どもに目が行き届いていたか振り返り、これからの保育の課題を見つけることができますか？		
8	子どもの名前を呼び捨てにせず、「さん」や「くん」などをつけて声をかけていますか？		
9	子どもがおもちゃの取り合いなどでぶつかり合うとき、危険のないよう配慮しつつ、子どもの発達の程度や心の動きを考えながらしばらく見守ることができますか？		
10	「おや、何だろう？」「これで遊ぼう」と好奇心や興味を引き起こす教材や素材、場を用意する心配りをしていますか？		
11	子どもと会話するときに、その子の目線に合わせて話をゆっくり聞いて、子どもの話したい気持ちや伝わった喜びを共感していますか？		
12	子どもに「絵本を読んで」「遊んで」と言われたときに、場面に応じて「待って」と言った場合でもその理由を伝え、その子の気持ちに応えていますか？		
13	「いやだ」と言う子どもの内面に配慮しながら、その子の気持ちを肯定的な方向に向けるようにしていますか？		
14	自分の思い通りにならず、怒ったり泣いたりする子どもに対して、ていねいに話して聞かせたり、気持ちを切り替える時間を取り、ゆったりと待つことができていますか？		
15	「早くしなさい」「ダメ」「いけません」など指示、命令する言葉や禁止語を、できるだけ使わないようにしていますか？		
16	子どもに言い聞かせるときは、問い詰めたり、押しつけたりせず、子どもが自ら考えるきっかけになるようなわかりやすい言葉を使っていますか？		
17	危険が生じ、しからなければならない場面でも、感情的にならず、端的にいけないことを伝え、本人にも考えさせるような対応を心がけていますか？		
18	乱暴な言葉遣いをせず、正しい言葉を使って子どもの手本になっていますか？		
19	子どもからの問いかけや言葉に対して無視をせず、しっかりと受け止めたり、忙しいときはその理由を説明していつ聞けるのかなどを子どもに伝え、約束を守っていますか？		
20	保育のなかで、子どもをからかうような言動はしていませんか？　また、子どもの前でその子や保護者、きょうだいを批判する言葉を使っていませんか？		

第2章

子どもが夢中になれる遊び

0・1・2歳の遊びで大切なこと

0歳 体の発達と遊びがつながっている

首がすわると興味のあるものを目で追えるようになり、寝返りができると自分で体を動かせるようになります。そしておすわりができると、手を使った遊びができます。体が発達することで遊びが広がるとともに、遊びが運動機能の発達を促すきっかけになることも。

1歳 ものにかかわり自分の世界をつくっていく

歩行が完成すると、自分の意思で自由に動きまわれるようになり、活動範囲が広がります。また、穴落としやパズルなどものとかかわる遊びができるように。自分の想いや興味に従って、やりたい遊びに没頭することで主体性が発達していきます。

2歳 自分がイメージしていることを伝えながら遊ぶ

自分の思っていること、イメージしていることを言葉で表現できるようになっていき、ごっこ遊びや見立て遊びなどイメージを持った遊びを楽しめます。言葉で友だちとイメージを共有することが、友だち遊びができるきっかけにもつながります。

> 知っておきたい

遊びにかかわるとき心がけたいこと

1 遊びは与えない

子どもはみんな自分から遊びだす力を持っています。遊びを通して、興味や関心、好奇心をはたらかせることが自発性を育てます。保育者は「新聞やぶりをしましょう」と遊びを与えるのではなく、子どもが何に興味を持って遊びだすかを観察し、それを楽しめるように支えていくことが重要です。

2 好きなことで思いきり遊べるようにする

興味を持った遊びに没頭することで、子どもたちは「自分はこんなことが好き」と自分の個性も発見していきます。そのためにも子ども一人ひとりが何に興味を持つかを観察することと、好きなことに夢中になれるような環境づくりが欠かせません。

どんどん高くなるよ！

子どもが自ら遊びだす力を育てることが大事

子どもたちは遊びを通して「自分の考えや興味に基づいて行動する」経験をします。成長とともにできる遊びが変わること、増えることこそが、子どもにとって「大きくなりたい」という発達欲求の現れでもあるのです。子どもが環境のなかでやりたいことを見いだし、それを楽しめるようにすることが3歳未満児の遊びでもっとも重要なことです。

\ 先生から /
\ アドバイス /

第2章 子どもが夢中になれる遊び

`0歳` `1歳` `2歳`

環境づくりのポイントは「物」「空間」「時間」「人」

子どもたちの興味・関心を遊びで実現できるようにする

たとえばさんぽ中に溝に石を落とす遊びに熱中している子がいたら、園でも穴落としを用意する。乗りもの絵本が好きな子がいたら、お部屋に線路をつくってみる。そうして子どもの興味・関心が実現に向かう手助けをしてあげてください。そのためには子ども一人ひとりがどんなものに興味・関心があるのか理解しようとする気持ちがとても大切です。

子どもがどんなものに興味を示しているか、手に取るおもちゃや行動をじっくり観察してみてください。

その月齢で経験させたい活動を盛り込む

「手指が発達していく時期だから、ひも通しなど指先を使った遊びをさせたい」というように、保育者がその時期の子どもたちの発達に必要な遊びを見極め、環境に盛り込むことも必要です。その場合も「みんなでひも通しをやりましょう」ではなく、自由遊びのなかで、「こんな遊びもあるよ」と興味を引きださせるような環境を整え、保育者が提案します。

季節の遊びをたっぷりと

夏であれば水遊び、秋であれば木の実を使った遊びなど、その時期にしか出合えない環境を生かした遊びも子どもたちにとてもいい刺激になります。冬季オリンピックの時期には、ブロックでリンクをつくってスケートごっこをしてみるなど、自然事象だけでなく、社会事象を生かすことも大事です。

チェックしてみよう！
環境構成の4つのポイント

第2章 子どもが夢中になれる遊び

環境とは保育室の「空間」だけを指すのではありません。そこにある「物」。そしてそこで活動して過ごす「時間」。そこで一緒に活動する「人」。すべてが環境を構成する要素になるのです。子どもの「遊びだす力」を育む環境構成ができているか、確認してみましょう。

1 「物」 新たな活動が生みだされるようなものを用意

子どもが興味を持ち、自ら遊びだせるようなおもちゃ、道具をそろえておくことが肝心です。ただ、子どもたちは「もっとおもしろいものはないかな？」「この遊びは十分遊んだから別のことがしたい」と思うことも。遊びが継続できると同時に新しい活動に取り組めるものの用意も欠かせません。

2 「空間」 やりたい遊びを選んで、自由に楽しめるように

なるべく「遊び」どうしが混じらないように、「お絵描き」「ねんど遊び」などコーナーを分けると集中して遊ぶことができます。一方で、牛乳パックに布を貼った積み木のようなもので子どもたちが家をつくったり乗りものをつくったり、自由な発想で遊べるような広めの空間も必要です。

3 「時間」 遊びに没頭できるよう長めに確保する

子どもたちは、自分が選んだ遊びを何度もくり返し、思いきり遊ぶことで「自分はこんなことができるんだ」と達成感を得るものです。遊びの時間が短いと、没頭しきれないまま、お片づけになってしまいます。自由遊びの時間はできるだけたっぷりと取り、「続き」ができるよう配慮しましょう。

4 「人」 異年齢との交流も遊ぶ力によい影響が

ひとり遊びが充実する時期には、ほかの子どもにじゃまされないようじっくり遊べるような環境をつくります。2歳ごろからは何人かで一緒に遊べるような段ボール製の自動車など大きめの遊具を用意します。異年齢が交じって遊べるような環境も遊ぶ力をつけるよい刺激に。

一人ひとりがやりたいことを見いだせる環境に

子どもの発達に応じて、興味・関心を引かれる遊びは変わってくるもの。共通している重要なことは、すべての子がやりたいことを見いだし、自分から遊びだせる環境を整えることです。

そのためにも、ひとり遊びをしたい子はひとり遊びに没頭できるように、友だち遊びをしたい子は友だちと一緒に遊べるように、子どもの興味に合わせた環境を整えておきましょう。

先生からアドバイス

「0歳」「1歳」「2歳」

子どもの心を豊かにする たくさん笑える遊び

笑いにも育ちがある

生後2カ月ごろから自分のお世話をしてくれる人の笑顔に触れて赤ちゃんにも笑顔が生まれます。それから首がすわって声の通りがよくなることで、声を出して笑うようになります。もう少し成長すると、たっちやあんよができた「行動獲得の笑い」などが見られるようになります。発達とともに「笑い」も変化していくのです。

声を出して笑える「おはしゃぎ遊び」を覚えておこう

声を出して笑えるようになった子には、「おはしゃぎ遊び」をして、たくさん笑わせてあげましょう。あやしてもらったり、一緒に遊んでもらったりすることがうれしくて笑いが生まれると、子どもは手足の動きが活発になります。そして、声をたくさん出すことが、発声力を鍛えることにもつながります。

0・1・2歳における笑いの効能

- 人と一緒にいることを楽しみ、コミュニケーション力が育まれる
- 発声力が鍛えられ、喃語を通じて言葉の習得につながる
- 自分が愛されていることを感じ、自尊感情を育むことができる
- 要求が満たされないことからくるストレスの解消になる
- 体の免疫力を高めることや、心と体の健康増進になる

子どもと笑おう

おはしゃぎ遊び

オオヤマコヤマ

1. 「オオヤマ」と口ずさみながら右のまゆをなでる
2. 「コヤマ」と口ずさみながら左のまゆをなでる
3. 「ナガサカ　コエテ」と口ずさみながら鼻筋を上から下に4回なでる
4. 「セキ　ポント　ハネテ」と口ずさみながら唇の上をつつき、唇の下もつつく
5. 「コチョコチョ」と口ずさみながら右わきをくすぐって笑わせる
6. 「コチョコチョ」と口ずさみながら左わきをくすぐって笑わせる

いちりにりさんり

1. 「いちり」と口ずさみながら両足の親指をつかむ
2. 「にり」と口ずさみながら両足首をつかむ
3. 「さんり」と口ずさみながら、両足を伸ばし、ひざをつかむ
4. 「しりしりー！」と口ずさみながら、おしりをくすぐる

おむつ交換が終わり、おしりがきれいになったタイミングでスキンシップとしてやってみましょう。

よく泣く子ほど、よく笑う子に育つ

最近は表情が乏しく、笑うこともなければ、泣くこともない赤ちゃんが増えているといわれています。泣く機会は生活のなかで自然にあることですが、できるだけ笑う機会が増えるよう「おはしゃぎ遊び」を取り入れていきたいですね。たくさん笑うこと、そしてたくさん泣くことで赤ちゃんの表情は豊かになっていくものです。

先生からアドバイス

第2章　子どもが夢中になれる遊び

0歳　1歳　2歳

ハイハイ・つかまり立ちの時期の遊び

ハイハイを促す働きかけを

自分が興味を持ったものに自分で近づけることは、子どもにとって大きな喜びです。たくさんハイハイをして腹筋や腕、足の筋肉が鍛えられることが、つかまり立ちやつたい歩きにつながっていきます。子どもが「近づいて取ってみたい」と関心を持てるようなおもちゃを用意して、ハイハイを促しましょう。

寝返りやハイハイをしない子には

なかなか寝返りをしない子、ハイハイをせずにつかまち立ちをする子は、体のひねりやバランス、腕や肩や足腰が未発達なことが共通して見られます。これらを鍛えるようなうつぶせでの遊びや、「たかいたかい」など体を動かす遊びを楽しませてみてください。

ハイハイ時期のおすすめ遊び

スロープハイハイ

巧技台の踏み切り板を使ってスロープをつくってみましょう。スロープを下った先にミニカーなど関心を持ちそうなおもちゃを置く、子どもの足を少し押すなどすると、ハイハイが完成していない子も進みやすく、自分の力でおもちゃを取った喜びも感じることができます。

ハイハイ追いかけっこ

ハイハイする子の横を、保育者も同じようにハイハイをして進みます。さらに保育者がハイハイで追いかけていくと、子どもは一生懸命逃げるので、ころ合いを見てつかまえてじゃれあいます。このような遊びをすることが、他者と共鳴する力を育むのです。

つかまり立ちで視界が広がる喜びを存分に

つかまり立ちをして、両足で立つことで子どもの視界は一気に広がります。空間を遠くまで見渡し「あそこまで行きたい！」という意思を持つことが、つたい歩きにもつながっていくのです。つかまり立ちができるには、立ったまま体を保てることが何より大事です。立ったまま遊べるような環境づくりを心がけましょう。

つかまり立ちのころの援助

つかまり立ちをしはじめたころは、バランスを崩して転倒しやすいので見守りが欠かせません。つたい歩きを経て自分で歩きだすためには、子どもの前に立ち、両手を引っぱるのではなく、保育者は子どもの後ろに立ちます。そして保育者の人差し指と中指を子どもに握らせるとよいでしょう。このとき子どものひじが肩より上にならないようにすると無理な引っぱりになりません。

つかまり立ちの時期のおすすめ遊び

立ったまま遊べる手づくりおもちゃ台

子どもが立ってつかまれるくらいの段ボールのなかに重みのあるものを入れて安定させ、上の面に、布製の絵本を貼りつけたり、穴落としのしかけをつくったり、子どもが興味を持って遊べるようなものを準備します。ここで立ったまま夢中になって遊ぶことで、体を支えて立つ力が鍛えられていくのです。

運動発達を促す遊びを積極的に

ハイハイやつかまり立ちをする時期は、運動発達がとても大事です。運動発達とともにできることが増え、そこから好奇心がさらに広がり、遊ぶ意欲が強くなっていきます。体の発達に応じて、脳や心も発達し、遊びも発展していくのです。発達のためにも、子どもの好奇心や意欲を高めるような遊びを提供していきたいものです。

先生からアドバイス

`0歳` `1歳` `2歳`

歩く・走る力を育てる遊び

歩きたい意欲を尊重しよう

ひとり歩きが完成すると、子どもはひとりで行きたいところに行けるようになります。歩くことを通じて、子どもの「あっちに行きたい」「あれをやりたい」という欲求や感情はますます育っていくのです。自分が行動の主体者となって、自由に動きまわれる喜びをたっぷり味あわせてあげましょう。手にものを持ち、バランスを崩さず歩けるようになるような遊びも大事です。

歩きはじめたころの援助

歩くことで、自発的な探索活動が活発になっていきます。それを妨げず、自由に動きまわれるようなスペースづくりが必要です。また、歩くことで手が自由になるため、外界の探索も容易にできるように。もので遊んでいるときに、大人が声かけをすることが、ものに名前があることの理解にもつながります。

歩きはじめたころのおすすめ遊び

でこぼこコースを歩こう

マットの上に独特の感触を持つものを置いていきます。プチプチの気泡緩衝材を貼りつけたり、凍らせる前のグニャグニャした保冷剤を貼りつけて上から布をかぶせたりすると、歩いたときに感触が変わっていき、歩く楽しさを感じられるでしょう。

走ることで体を動かす楽しさを実感できる

走れるようになった子どもは、両足で飛び跳ねたり、台の上に登ったり、さまざまな動きも身につけていきます。食べるとき、寝るとき以外は活発に動いているほど、体を動かすことを楽しんでいる時期です。自分の力をためしながら、出会ったものをよく見て、触れて、好奇心を満たし発見の喜びを味わっていくのです。また、そうして動きまわることが柔軟な体をつくっていきます。

まてー！

走りはじめたころのおすすめ遊び

追いかけっこ

親しい大人と交流することに楽しさを感じるようになる時期です。保育者から逃げることで、走る能力を高めるのに加えて、止まったり、体の向きを整えたりすることも経験しています。

かくれんぼ

小さい体を生かして、もぐったり隠れたりするのも大好きな子どもたち。保育者とのかくれんぼもおすすめです。保育者は、見つけたときは体をくすぐったり、抱っこをしたりスキンシップを。

体を動かすのを喜ばない子にはスキンシップを

体を動かすことに積極的でない子どもには、足に子どもを腹ばいにして乗せる「ひこうきブーン」などの受動運動を行ってあげたいものです。信頼している大人との遊びなら、不安定な姿勢になる怖さにも耐えられ、体を動かす楽しみを実感できます。

思いのままに動けることは大きな喜び

大人から離れて、自分の意思に従って主体的に動けることは、子どもにとって大きな変化であり、喜びでもあります。自由に動けることから、周囲の探索が楽しくなり、そこからものには名前があること、自分にも名前があることを発見し、新たな知識を得ていくのです。動くことや発見することの楽しさを実感できるような遊びを取り入れていきたいものです。

先生からアドバイス

第2章 子どもが夢中になれる遊び

`0歳` `1歳` `2歳`

ひとり遊びにじっくり取り組める手助けを

悩み1

保育室のなかでひとり遊びに集中できる環境はどうやって作ったらいい？

これで解決！1

子どもが遊びはじめたら、ついたてでしきる

ひとりの子が夢中で遊んでいるのを見て、ほかの子が「自分もあのおもちゃで遊びたい」と思って近づいていき、おもちゃを取り、じゃまをしてしまうことはさけたいもの。座った子どもがちょうど隠れる60cmくらいのついたてをつくっておき、遊びに集中している子がいたらそれでしきりましょう。

段ボールに布を貼り、重さのあるものをなかに入れた牛乳パックをつけて支えにします。座った子どもは見えなくなりますが、立っている保育者は全体を見渡すことができます。

これで解決！2

ひとり遊びコーナーをつくる

みんながいる空間に背を向けて、壁に向かって集中して遊べるようなコーナーをつくっておくのもよいでしょう。低いテーブルや段ボールを補強した低い台をつくり、そこにひとり遊びをしたくなるようなおもちゃを設置しておきます。子どもはそこに座って、じっくり遊ぶことができます。

テーブルや台の上には簡単なパズルとピースを入れるお皿、なかにねんどが入ったひねってふたを開けられる容器などを取りつけておきます。

ひとり遊びの見守りポイント

1 じゃまされずひとり遊びに集中できるように

園では誰かの遊びを見て、「自分もやりたい！」と興味関心を持つ子がたくさんいるもの。興味を持ったほかの子にじゃまされないようにひとり遊びを守ることが保育者に求められます。

2 必要以上の介入をしない

思うようにいかずに困っているときは「お手伝いしようか？」と声かけをしますが、自分でやりたがるときは必要以上に手出し、口出しはしません。「できた」ときはしっかり認めましょう。

自分の世界をつくることは主体性の発達に不可欠

ひとり遊びで子どもたちは自分の世界をつくっていきます。誰にも干渉されずに、自分の思いや興味に従ってやりたいことがやれる楽しさを味わうことで主体性が育ち、自分のイメージや発想を実現できる力が養われていくのです。保育者はひとり遊びにまなざしを送ることを忘れずに。子どもが何かを達成したときに「見てたよ。すごいね」と一緒に喜んであげることで、さらなる意欲につながります。

先生からアドバイス

第2章 子どもが夢中になれる遊び

`0歳` `1歳` `2歳`

保育者が遊びのきっかけをつくるコツ

悩み 1

退屈そうな子にはどうやって遊びをすすめたらいい？

これで解決！1

子どもが好きな遊びを一緒に楽しむ

遊び方や楽しみ方を自分で見つけられない子には、保育者が一緒に遊ぶことで伝えていきます。1歳ごろでは、保育者が高く積んだ積み木を壊すのもとても楽しみます。保育者と楽しく遊ぶうちに、イメージが広がり、ほかの遊び方も見つけていけるでしょう。子どもが初めて目にするおもちゃや道具も、まず保育者が楽しそうに遊んで見せることで、楽しさを伝えることができます。

「イチゴください」
「いらっしゃいませー！」

子どもが好きな遊び

- 穴落とし
- パズル
- クレヨンでお絵描き
- ブロック
- 積み木

これで解決！2

友だちと一緒に楽しめる遊びを働きかける

友だち遊びも経験させたい時期であれば、保育者からはたらきかけて何人かで追いかけっこなどをしてみます。楽しそうに遊ぶ姿を見て「自分もやりたい！」と一緒に逃げる子も数名現れるでしょう。そうして逃げながら、友だちと一緒に遊ぶ楽しさを感じることができます。全員に呼びかけて遊ぶのではなく、数名で遊ぶところから子どもどうしが共感できる関係をつくり出していきます。

じょうずに歩けるようになったら、ひもを使って電車ごっこも。最初は保育者と子どもひとりで始められますが、一緒に遊びたい子も数名参加するようになり、広がっていきます。

友だちと一緒に楽しめる遊び

- かくれんぼ
- 追いかけっこ
- わらべ歌遊び
- ごっこ遊び

先輩の声 わたしはこうしています！

遊びがワンパターンにならないように、担任どうしでアイデアを出し合うようにしています。子どもたちが何に興味を持っているかも見極め、それを取り入れた遊びを提供したり、部屋の配置変更など環境も変化させたりします。

保育者は子どもが遊びだしたら見守る側へ

自分から遊べない子に対して遊びの魅力を伝えることは大切ですが、保育者のやることはあくまで遊びのきっかけづくりです。子どもが遊びに熱中しだしたら、遊びの主体者を子どもに譲りましょう。いつまでも保育者主導で遊んでいると、遊びだす力を育てることにつながりません。

先生からアドバイス

［0歳］［1歳］**2歳**

ごっこ遊びを楽しむためのかかわり方

言葉が出てきたらイメージの共有ができはじめる

言葉が出てくると、自分が思っていることやイメージしていることを言葉にして、友だちと共有することができるようになります。落ちているロープを見て、ひとりの子が「へびみたい！」と言うと、まわりの友だちも「へびだ！」と口々に言いだし、同じイメージを持って遊べるようになるのです。

自分のなりたいものになれる喜びを味わう

2歳ごろになると、イメージを持って体の動きを楽しめるようになります。たとえばちょうちょのかぶりものや羽をつけてあげると、ちょうちょになりきって、いつまでも園庭を走りまわれるのです。想像の世界で自分がなりたいものになれる喜びを体験することで、イマジネーションが育っていきます。

イメージをはたらかせることで、友だちと心がつながることができ、猫や飛行機にだってなれる。イメージの世界に入り込むことがこの時期の子どもにはとても大切です。

友だちとやりとりしながら遊ぶ楽しみを

ひとりでイスを並べている子が「バスの運転手」とイメージを説明できるようになると、保育者や友だちにもイスを並べている理由がわかります。すると、「バス、僕も乗せて」と言う子が現れて、ごっこ遊びに発展していくでしょう。友だちと同じイメージを持って遊ぶことで心のつながりを感じ、やがて言葉のやり取りを通して世界を広げていきます。

ピーポーピーポー

救急車を運転する子と、乗っている子。手づくりの道具なども通じて、「救急車」というイメージを共有してごっこ遊びをしています。

知っておきたい　ごっこ遊びの援助

1 イメージを言葉で補足する

子どもはまだ言葉で表しきれないこともたくさんあります。ブロックをつなげて線路をつくっていたら、「ここが駅だね」と、子どもが表現しようとしているイメージを保育者が補足してあげましょう。それを聞いた友だちも理解し、一緒に遊べるようになります。

2 見立てやすい中間的遊具を用意する

シンプルな積み木や大小さまざまな布など、子どもそれぞれの発想が生かされやすい中間的な遊具を用意しておきます。子どもたちはそれらをさまざまなものに見立てて、遊びだすでしょう。

ガタンゴトン　電車！

子どもどうしがつながるプロセスを見つける

ひとり遊びを楽しんでいた子どもが友だちとごっこ遊びをするようになるには、一斉活動が必須ではありません。ごっこ遊びがしやすい大型の遊具や中間的な遊具を準備するなどしておけば、自由遊びのなかでも自然と友だち遊びが生まれるプロセスがあるはずです。一方、まだ友だち遊びはせず、ひとり遊びをしたい子は保育者がむりに誘う必要はありません。

先生からアドバイス

[0歳] [1歳] [2歳]

手指をしっかり動かして発達を促す遊び

悩み1

手指を使う経験を
させたいときは、
どんな遊びをすればいい？

これで解決！1

**つまむ・引っぱる・ねじる・
集めるなど、
動作から考えてみる**

10カ月ごろになると、親指と人差し指で小さいものをつまめるようになります。この時期にはつまんで引っぱる楽しさが味わえるようなおもちゃを用意すると何度もくり返します。さらに成長したらスプーンで豆をすくって種類別に分ける遊びなど、そのときできはじめた・習得してほしい動作を使った遊びを取り入れるとよいでしょう。

同じものを探したり、分類するのが好きな時期には、色別にボールを拾って箱に入れるような遊びなど、子どもの発達と興味に合わせておもちゃを用意します。

第2章 子どもが夢中になれる遊び

これで解決！2

生活の流れのなかで手指を使うのも子どもには遊びの一環

手指を使う練習は、遊びの時間だけとは限りません。ふだんの生活のなかでもたくさん手指を使う機会を取り入れるとよいでしょう。タオルや服をたたんだり、服のボタンを留めたりすることも、子どもにとっては手指を使った遊びに通じるもの。昨日までできなかったことが、じょうずにできるようになるのは、何よりの喜びになります。

自分が使ったタオルをたたむのも、手先を使うことに。毎日くり返すことで少しずつ上達していきます。

靴のテープをつけたり外したりが手指を使う練習に。子どもが扱いやすい靴であることが大事です。

そのほかにも…

- ボタンをはめる
- はさみの1回切り
- ビンのふたをまわす
- 洗濯ばさみを留める
- 服をたたむ

自分の持ちもの袋の中からスタイを取り出すなど、0歳でもできることはあります。

手指を使うことが生活の自立につながっていく

スプーンやおはしなど食具をじょうずに使えるようになるには、手指を使う遊びを十分にしているかどうかも影響します。手指を使う遊びを十分に行うことは、食具をじょうずに使ってひとりで食事ができることにつながり、ボタンのはめ外しができて、ひとりで着替えができることにつながります。つまり手指の動きが発達すればするほど子どもは自分でできることが増え、生活の自立につながっていくのです。

先生からアドバイス

`0歳` `1歳` `2歳`

感性豊かに思いを表現する遊び

子どもの絵から心の動きを理解しよう

手指が器用になる2歳ごろからはクレヨンや絵の具を使って絵を描くことや、紙をちぎったり折ったりしてイメージを自由に表現する遊びはぜひ取り入れたいものです。言葉が発達してくると、絵を描きながら「これは新幹線！」「火が燃えてるの」など自分のイメージを一生懸命話すようになります。それをじっくり聞いてあげることで、子どもがまだ言葉では言い表せない心のなかをのぞくことができるのです。

歌や音は気持ちを落ち着かせる

子どもは音に対してもとても敏感です。さんぽに行った公園で遊具をたたいて「音探し」をしてみたり、拾ってきた木の実を使ってマラカスをつくって演奏してみたり、本物の楽器を用意しなくても、音を体験できる場面はたくさんあります。また、さんぽに出かけるときはさんぽの歌を歌うなど、生活のなかで楽しい歌にたくさん触れてほしいものです。

> **おすすめの表現遊び**
> - クレヨンぬりたくり
> - 絵の具で大きな紙にかく
> - タンポ
> - 折り紙
> - 新聞紙をちぎる、まるめる

生活のなかで歌を聞くうち、友だちと一緒に歌えるようになることも、とても大切な経験に。

詩は言葉の感覚をみがく

ただ詩を読むのではなく、詩に出てくる動物の人形や道具を用意して、詩の世界が目に見えるようにすると子どもたちも夢中になります。秋には落ち葉の詩など、季節に合わせたものもよいでしょう。詩は言葉の感覚を養うのにも役立ちますが、唱えると、とても心地がよいということも大事です。心地がよいからこそ、自然と体から声を引きだし、やがて自分の表現へと発展します。

こんこん こやまの〜

やってみよう！ 見て楽しむ詩の遊び

「こんこん　こやまの」

こんこん　こやまの　こうさぎは
なぜに　おみみが　なごござる？

かあちゃんの　ぽんぽに　いたときに
ながーいきのはを　たべたゆえ
それで　おみみが　なごござる

こんこん　こやまの　こうさぎは
なぜに　おめめが　あこござる？

かあちゃんの　ぽんぽに　いたときに
あかーいきのみを　たべたゆえ
それで　おめめが　あこござる

遊び方

保育者はうさぎの指人形をはめて、うさぎに語りかける役と、それに答えるこうさぎの2役を演じ分けます。こうさぎが答えるところでは、まるで人形が話しているように指人形を動かし、見ている子どもたちに注目させます。子どもたちが詩を覚えたら、問いかけの部分を子どもたちに言ってもらい、かけあいを楽しむのもよいでしょう。

感性が鋭い時期こそ歌や詩の心地よさを体験させたい

表現遊びというと、絵を描くことを思い浮かべますが、音楽や詩もそのひとつです。手遊び歌を含めて、歌うことが気持ちをなごませてくれるものだと知ること。そして詩を唱える心地よさを体験すること。感性が鋭い時期にこそよい体験をさせてあげたいですね。歌やピアノが得意でなくても楽しい気持ちで伝えると、子どもはあっという間に覚えてしまいますよ。

先生から アドバイス

第2章　子どもが夢中になれる遊び

0歳 1歳 2歳

絵本・紙しばいの楽しさに触れるために

絵本は保育の宝箱。大切なことを伝えられる

春にたんぽぽが出てくる絵本を読んで季節感を伝える、食べものについての絵本を読んで好き嫌いせず食べる大切さを伝えるなど、絵本は保育のなかで子どもたちにさまざまなことを伝えるのに役立ちます。子どもたちが興味、関心、知識を確認し、それを広げていくものとして絵本を積極的に取り入れてきましょう。

気をつけよう！

単なる時間つぶしになっていませんか？

食事の準備をするときに待つ間など、時間つぶしに「絵本でも読んでおこう」としていませんか。それでは絵本本来の魅力が伝わりません。子どもたちに向けて「今こそ読んであげたい」と思うタイミングで、伝えたい内容の絵本を読む時間を取りたいものです。

伝わる！絵本の読み方

声音を変えない

絵本を読むときは絵と言葉の一体性を大切に。気持ちを込めながらゆっくりと読みましょう。声音を変えて演じ分ける必要はありません。子どもたちの意識が絵と言葉よりも先生の顔や声に向いてしまいます。

めくる喜びを感じさせて

ページをめくることこそが、絵本のおもしろさの味わい方。ひざに乗せて読む場合は、子ども自身が、「次が見たい！」とわくわくしながらページをめくることを大切にしましょう。

ひざのぬくもりを感じながら

絵本は目から30㎝離して読むことを想定して描かれています。理想の読み方は、子どもをひざに乗せて、ぬくもりを感じさせながら読むこと。10人くらいに対して読む場合は、子どもたちとひざをつきあわせて、半円形になってもらうとよいでしょう。

紙しばいは舞台を使って

紙しばいは絵本と違って、シナリオとして書かれているもの。つまり子どもが最初に触れる演劇の一種です。舞台からサッと一瞬で抜いたり、じわじわと揺らしながら抜いたりする「抜き」の技術によって、子どもが劇の世界に引き込まれていきます。この「抜き」のおもしろさは、手で持っていると難しいので、ぜひ舞台を使用しましょう。

伝わる! 紙しばいの読み方

登場人物を演じ分ける

声音や話し方、話すスピードなどを変えて、それぞれの登場人物になりきって読むことで、子どもたちを紙しばいの世界にぐっと引き込むことができます。

子どもたちと1mほど離す

紙しばいは1m程度離れたところから見るのに合わせて絵が描かれています。舞台が子どもたちの頭より少し上になるよう高さを調節してください。

こんな楽しみ方も

いくつか組み合わせてお楽しみの時間に

最初は簡単な内容、その次は訴えるような物語、最後には子どもたちみんなが気持ちを合わせられるような歌が出てくるものなどを組み合わせて「紙しばい劇場」にしてみましょう。

はじまりはじまり!

友だちと体を寄せ合って見る

子どもたちは何名かずつ列になり、友だちと並んで座ります。舞台の観客席のように友だちと体を寄せ合って、一緒に紙しばいの世界を感じあうことがとても大切です。

絵本と紙しばいの違いを理解して取り入れましょう

絵本と紙しばいはどちらも保育ではよく使われるものですが、その目的や役割は実は異なります。絵本は子ども一人ひとりに向けて、子どもの頭のなかでイマジネーションをふくらませて理解するもの。対して紙しばいは友だちや演じ手である保育者と一緒に劇の世界を味わい、感動を共にするものです。それぞれの魅力を理解し、単なる時間つぶしにならないよう楽しみを共有し合う文化財として取り入れていきたいですね。

先生からアドバイス

0歳 1歳 2歳

園庭での遊びを自由に広げてみよう

悩み1

砂場での遊び方が
ワンパターンになってしまいます。

これで解決！

事前に保育者が環境を変えておくと、遊びも変わる

前もって砂場に山をつくっておくなど、保育者があらかじめ環境を変えておくことで、子どもの遊び方も変わってくるでしょう。山であれば、上に登ってみたり、ボールを転がしたり、トンネルを掘るなどどんどん発展します。なるべく日常的にバケツやたらいに水を用意しておくと、道を作って水を流したり、ダイナミックな遊びもできます。砂場にいくつかボールなどおもちゃを隠しておき、「こんなの出てきたよ」と宝探しのように掘りだし、見つける遊びも楽しめます。

前日

園庭では子どもがやりたい遊びを満足いくまでやってみる

子どもたちは園庭に出ると、自分の好きな場所・遊びを見つけて一斉に走っていくものです。そうして好きな遊びを見つけたら、それぞれが満足いくまでじっくり遊ぶのが戸外遊びの理想です。保育者はそれぞれの子どもがどんな遊びに夢中になっているかを観察します。保育者のほうに「こんな遊びを経験させたい」というものがあれば、遊びを先導してやってみせるのもいいでしょう。

これは NG ワード
「今日は○○で遊ぼう」

「今日は追いかけっこをしましょう」など、全員で同じ遊びをさせてしまっては、子どもたちが戸外遊びで本来感じられる楽しさを満喫することができません。ただし、好きな遊びが見つからない子がいれば、保育者が土の上に線路を描いて電車ごっこを始めるなど、はたらきかけてみることは必要です。

子どもの興味・好きなことを見守ろう！

いらっしゃいませ！

園庭に大きな遊具があると、それを家やお店に見立ててごっこ遊びが始まります。お店の店員さんをやる子、お客さんになる子、それぞれの役割を担当して、イメージを共有して遊びます。

はっけよいはっけよい

保育者が土の上に土俵を描いて、すもうの始まりです。友だちが遊んでいるのを見ると、ほかの子も「自分もやりたい」と集まってくるでしょう。こうした遊びは友だちとルールを共有して遊ぶ経験になります。

戸外遊びこそ子どもの好きな遊びを知る機会

「一人ひとりが好きな遊びを楽しむ」というねらいを指導計画に書くことも多いと思います。園庭での戸外遊びこそ、そのねらいを実現するために欠かせないものです。どんな遊具・道具を使ってそれぞれの子どもが遊んでいるかを観察することが、戸外遊びにおいていちばん重要なことです。子どもたちの遊びが広がるような環境整備、はたらきかけを常に考えましょう。

先生からアドバイス

(0歳) (1歳) (2歳)

さんぽ・公園で心も体ものびのびと遊ぼう

Case 1

公園に向かってさんぽをしています。
Oくんが道ばたの花に気がつき立ち止まりました。

 安全に注意しながら見つけた花をみんなで見たり、その花について話したりする

 できるだけ立ち止まらないよう促し、スムーズに公園に向かう

\ よい対応は /

歩きながら「発見を楽しむ」ことを大切に

目的地に到着するまで、安全に配慮することも欠かせないことですが、目的地まで向かいながら、ふだんは出合えないものの発見を楽しむことも、さんぽで大切なことです。子どもたちが「見て！見て！」と声をあげたり、指差しをしたときには、「あんなところにワンワンいたね」など受け止めることを心がけたいものです。

公園遊びの援助のコツ

目的を決めて行く
なんとなく目的地に着いて遊んで終わるのではなく「落ち葉を見つけて季節の変化を楽しむ」「園庭にはないような遊具で遊ぶ」など何かしら目的を決めて行くとよいでしょう。コンビカーやボールなど持ち運べる遊具も持っていくとさらに遊びが広がります。

水分補給をしっかりと
暑い季節はもちろん、冬でも水分補給は怠らないようにしましょう。目的地に着いたらまずお茶や水を飲ませるのはとても大切なことです。水分以外におやつを持参して食べるのも、子どもたちにとってとても楽しい経験になるでしょう。

遊ぶ前にそうじをする
公園にはガラスの破片やたばこの吸い殻など危険なものが落ちていることも。ほうきとちりとり、ゴミ袋を持参して、子どもたちが遊びだす前に「みんなが楽しく遊べるように危ないものがないか見てみるね」と声をかけ、そうじをすると、子どもも安心して遊べます。

レジャーシートがあると便利
まだ歩けない子でも、シートを広げてその上で遊ぶことができます。シートの端まで行って草をつかんだり、室内ではできない経験にもつながります。また、水分補給やおやつを食べるときはシートの上に集まるとくつろげます。

目的地に着くまでの行程を楽しむ

都会では園庭が狭い園も増えているので、さんぽで公園に行く機会も多いでしょう。安全に配慮しながら、人通りの多い道を通るときには急ぎ足になることもあるでしょうが、高いところの木の実を見つけたり、落ちている葉っぱを拾ったり、さんぽしている犬に出合ったり、いろいろな経験があるものです。子どもたちが「見つける喜び」を味わうことをさんぽでは大切にしていきたいですね。

先生からアドバイス

遊びのトラブル対策❶

かみつき・ひっかき
の予防と対応

Case 1

KくんがSくんに対して今にも手を出そうとしています。少し離れた場所からそれを見たあなたはどうしますか？

「Kくん！こっち向いて！」ととりあえず名前を呼ぶ

急いでふたりのそばに走って行って止める

よい対応は

名前を呼ばれると子どもの動きは止まる

遊びの最中に子どもどうしのもめごとが起こるのは当然のこと。それ自体は止める必要はありません。ただ、かみつき・ひっかきは未然に防ぐことが重要です。もめている子どもたちのところに駆けつけても間に合わないと感じたら、かみつき・ひっかきをしそうな子どもの名前を呼びます。名前を呼ばれた子はハッとしてこちらを見るでしょう。その間にふたりのところに行って話をします。

かみつきやひっかきが起きてしまったときの対応

された子に対して

まずはされてしまった子のケアが最優先です。「痛かったね。ごめんね」と痛みに共感して、かみつき・ひっかきをされた部位を流水で洗います。かみつきの場合は冷たいおしぼりなどで冷やすと痛みがひきやすいです。また、かみつき・ひっかきをされた子の保護者に対しては「私たちが防ぎきれず申し訳ありませんでした」と謝り、原因と対処を説明したうえで、二度と同じことが起きないよう防いでいくことを伝えます。

してしまった子に対して

反省している態度を見せる子は自分が「悪かった」と気づいているのでそれ以上しかる必要はありません。意に介せず遊んでいる場合は、「Sくん、ここ痛かったんだよ」と傷つけたところを見せてしかることが必要でしょう。かみつき・ひっかきをした子の保護者に事実を伝えることについては、園によって対応が違うので、園の方針に従います。

かみつき➡理由を探る

かみつきの理由には以下のようなものが考えられます。体調が悪いときやストレスがたまっている子に起きやすいので、注意が必要です。

❶ 寝不足など体調が悪い
❷ ストレスがたまっている
❸ 要求を言葉で言えず行為が先行
❹ なんとなくやってしまう
※ 自傷行為として自分の手をかむことも

ひっかき➡爪切りを徹底

爪が切ってあると、万が一ひっかきが起きても、傷にならずにすみます。そのためには、毎朝登園時の視診で爪の長さを確認し、保護者にもひっかき傷予防のため協力をお願いしましょう。

保護者には、子どもの爪を切ってきてくれたことへの感謝を伝えます

かみつき・ひっかきは保育者が防ぐもの

かみつきやひっかきは起こってはならないもの。これは大前提として覚えておきましょう。起こりそうだと思ったら、ぎゅっと抱っこする、手を握るなどしてあげます。かみついてしまったときは、かみついている子の鼻をつまむと息が苦しくなって、自然に離れます。起きてしまったときは、まずは園の責任として保護者に謝罪の気持ちを伝えましょう。

先生からアドバイス

0歳 1歳 2歳 遊びのトラブル対策❷

おもちゃの取り合いは両方の気持ちを認めて

 Case 1

電車のおもちゃで遊んでいるYくんにMくんが「貸して」と言っています。

 A 保育者からYくんに「貸してあげて」とお願いする

 B 双方の子どもの気持ちを言葉にして、子どもに決めさせる

 よい対応は

 **B**

先に遊んでいる子の所有権を守ってあげる

園のおもちゃは先に遊んでいる子に優先権があります。貸してあげるかどうかは、その子が決めてよいのです。保育者は、「貸してあげて」とYくんの遊びを中断させるのではなく、「Yくんが楽しそうに遊んでるから、Mくんもやりたくなったんだって」と気持ちを伝えること、Yくんが「貸したくない」と言ったときにはその気持ちを尊重して、Mくんに納得させることです。自分を尊重してもらえると、子どもの多くは少し遊んだあと自分から「貸してあげる」と言ってくれるものです。

貸したくない気持ちを理解する

2歳ごろになると、自分の好きなものに対する執着が強くなってきます。気に入ったものは園のものでもすべて「自分のもの」だととらえてしまうのです。まだ「いったん人に貸しても、また自分のところに戻ってくる」という意味が理解できないので、「貸して」と言われても断固拒否してしまうことがあります。保育者は「これはYくんの好きなものなんだね」とまず、認めることが大切です。

ボール大好き！

トラブルにならないよう保育者がサポートする

「貸して」と言っても「いいよ」と貸してもらえないと、取り合いからかみつきなどのトラブルに発展してしまいます。保育者はYくんとMくん、それぞれの気持ちを言葉にして伝えて、おもちゃを貸してもらえなかったMくんに対して「同じものを持ってきてあげるね」「ほかのことをして待っていようか」など提案をしましょう。

Mくんも遊びたいのね。同じもの持って来てあげるね

人気のおもちゃは複数用意してトラブルを避ける

おもちゃの取り合いのトラブルを避けるいちばんの方法は、そのとき子どもに人気のあるおもちゃを複数用意することです。全員分は用意できなくても、ある程度の数があると、遊びのたびにトラブルが起きることはなくなります。子どもどうしのトラブルからは、人とのコミュニケーションや社会性など多くのことを学ぶことができますが、まずはそれぞれの子どもが自分のやりたい遊びができる環境づくりをめざしましょう。

「貸す」「貸さない」は子ども自身が決めること

子どもたちにまず身につけてほしいのは、貸し借りがスムーズにできるための集団生活のルールではありません。「そのおもちゃはYくんが大好きなものなんだね」と自分の主張や意思を認めてもらうことで、次第にまわりの友だちにも大切なものがあることに気づいていく。そういった社会性の育ちを大切にしたいものです。そのためにも、おもちゃを貸すか貸さないかは先に遊んでいる子ども自身に決めさせ、それを尊重します。

先生からアドバイス

遊びのトラブル対策❸

ケンカが起きてしまったときの対応

Case 1

さんぽに行くときに並ぶ順番でケンカになり、NちゃんがHちゃんをたたき、Hちゃんが泣きだしてしまいました。

 それぞれに話を聞き、どちらが悪いかは言わない

 先に手を出したのはNちゃんなので、Nちゃんをしかる

 よい対応は

保育者の判断がいつも正しいとは限らない

つい「乱暴をしてはいけない」と先に手を出した子をしかりそうになりますが、そうすると言い分があるNちゃんは「先生はいつも私が悪いって言う！」と立ち直りができなくなってしまいます。そうではなく、気持ちが少し落ち着いたところで、それぞれの気持ちや言い分を聞いてあげるのです。それを言葉にして、双方に伝えたら、最終的な解決方法は子どもたちに委ねましょう。

心得ておきたい！ トラブル対応法

1 ケンカはすぐに止めない

子どもたちは大人とちがって、たとえケンカになっても、理由がわかればすぐに相手を受け入れることができるものです。ケンカをしていがみ合ったままではなく、ケンカしたあとに仲よくなることを子どものうちに身につけておくことはとても大切なこと。ケンカも必要な経験ととらえて、ケガをするようなことだけは気をつけて、少しの間見守ってください。

2 お互いの言い分を聞きだす

ケンカで双方の感情がある程度発散されたら、保育者が間に入ってそれぞれの気持ちを聞いてみます。それを言葉にして双方に伝えます。

> Nちゃんは最初に並んでたんだね

3 解決策を提案する

ケンカになった原因が明らかになって、どうするかの判断は子どもたちに任せましょう。子どもたちが解決策を思いつかないときは「Hちゃんはどうしたらいいと思う？ Nちゃんが先にKちゃんと並んでたみたいだからNちゃんが先頭でいいかな？」と、保育者の考えを提案してもよいでしょう。

> Hちゃん、どうしてあげたらいいと思う？

ここはしっかり！
乱暴な行動には毅然とした態度でしかる

ものを投げるなど、ケガにつながるような行動があったときは、「ものを投げるのはダメ！」としかります。だらだらとしかり続けるのではなく、短い言葉で厳しくしかるのがポイントです。

保育者は"裁判官"ではなく"解説者"になる

ケンカが起きると、つい「どちらが悪いのか？」を決めなければと思いがちです。でも、保育者がやるべきなのは裁判官になって善悪を決めることではありません。子どもたちそれぞれの主張に耳を傾け、気持ちを受け止め、それを言葉にする解説者になるべきです。必要に応じて、「こうしたら？」という提案をするのもよいですが、最終的な解決方法は子どもたち自身に決めさせてください。

先生からアドバイス

第2章 子どもが夢中になれる遊び

> 環境づくりで
> しっかり予防！

遊びのなかのケガ・事故

保育時間中のケガ・事故はあってはならないものです。0・1・2歳のうちは、まだ動きも激しくなく、大きなケガや事故は発生しにくいと思われがちですが、決してそうではありません。ケガや事故というと、園庭や外での活動中を思い浮かべますが、保育室内での事故も保育室外と同程度起きています。保育者はケガ・事故が起きやすいポイントを知り、環境の整備や見守りに配慮したいものです。

指を挟む

保育室のドアの開け閉めの際に、指を挟むのもよく見られる事故です。保育者が部屋を出てドアを閉めたときに、追いかけていった子の指を挟んでしまうのです。昨日までできなかったことができるようになるのがこの時期の子どもなので、部屋の出入りのときには、まわりに子どもがいないかよく確認をしてからドアを開け閉めします。

ひじが外れる

保育者が「こっちにおいで」と腕を引っぱった拍子にひじが抜けてしまうことがあります。痛がって泣いたり、腕がぶらんとなっているのに気づけばよいのですが、ときには気づかないまま帰宅させてしまうことも。一度抜けるとくせになるので、腕を急に引っぱることがないよう心がけておきたいものです。

誤飲

なんでも口に入れて確かめたい時期は、木の実などをのどに詰まらせたり、鼻の穴に入れてしまう子もいます。異年齢保育がある園では、3歳児以上が使うおはじきなどが保育室に持ち込まれ、誤飲することも。0・1歳児が飲みこんでしまう大きさがどうかをチェックする誤飲チェッカーを持っておき、気になるものは確認するとよいでしょう。

小さなケガは大きなケガを防ぐ場合も

ケガをさせないことは大前提ではありますが、1歳後半〜2歳ごろは、好きなように走りまわって転ぶことや、友だちをよけきれずにぶつかってしまうこともあるでしょう。小さなケガをして痛みを知る経験が、大きなケガをしない走り方を学ぶことにもなり、友だちの痛みも理解できるようになります。ただし、こういった考え方を保護者とも共有し、信頼関係を築いておくことが大切です。

保護者との信頼関係を築こう

保護者に共感することから始めよう

Case 1

子どもが朝ごはんを食べてきていないみたい。こんなとき、どう対応すればいい?

 保護者に「食べさせてきてもらえませんか?」と伝える

 保護者に「朝は大変ですよね。Sくんの好きなものでかんたんに食べられるものはないでしょうか?」と呼びかける

\ よい対応は /

はたらく保護者の大変さをまず認めて

はたらきながら子育てをする保護者の多忙さは想像以上のものです。肉体的にも疲れているでしょうし、職場でのストレスも抱えているかもしれません。まずはその忙しさ、大変さに共感を示すのが第一歩。理想をいきなり説明するのではなく、余裕がないなかでもできそうなことを保護者と一緒に考えていく姿勢が大切です。

> 知っておきたい

保護者支援のポイント

第3章 保護者との信頼関係を築こう

1 はたらきながら子育てする親の大変さを理解しよう

子どもを育てながら仕事をしていると、目まぐるしく毎日が過ぎていくものです。とくに園に長時間預けている保護者はそれだけ長い時間はたらいているということ。「自分ひとりの食事も大変なのに、子どもにも食べさせるなんて、私もできるかどうかわかりません」など共感を示すような言葉がけに保護者はとても救われます。

2 「○○してほしい」と"正論"を言うのではなく、家庭でできることを探す

いきなり完ぺきな対応を求めるのはむりがあります。朝食をまったく食べさせていない場合は、たとえば「惣菜パンを準備しておけますか？」「牛乳だけなら飲めるでしょうか？」と、かんたんにできそうなことを提案して、ためしてもらえるようお願いしてみます。

> 好きなキャラクターのパンならきっと喜んで食べますね

3 保護者が行動してくれたら感謝を伝える

提案したことを保護者が実行してくれたときには、忘れずに感謝を伝えましょう。実行してくれた結果、どんなよい結果が見られたのかも具体的に伝えると、保護者のモチベーションが上がり、難度の高いことも実行してくれやすくなります。

> 朝おにぎりを食べさせてくれたおかげで、Sくんは元気いっぱい外で遊べましたよ！

保護者対応は"指示"ではなく"支持"をしよう

保育者は子どものことを考えて「朝食を食べさせてきてください」と"指示"してしまいますが、保護者対応で本当に必要なのは"支持"です。「こうするべき」と教えるのではなく、子どものためになるように、保護者のことも「支える」という心がまえで寄り添い、保護者が自ら気づけるように言葉をかけていきましょう。

先生からアドバイス

登園時は保護者の心を開く大きなチャンス

Case 1

朝の受け入れ時の様子です。
あなたならどうする？

「おはようございます。Kちゃん髪を切ったんですね」と気づいたことをひとつ言う

元気よく「おはようございます!」とあいさつだけをして急いで預かる

\ よい対応は /

「おはようございます」にひとこと添えて

あいさつに加えて何かひとこと話をすることで、保護者は「関心を寄せてもらっている」と感じます。その積み重ねが保護者と心が通い合うことにつながります。内容は一人ひとりちがうことでも、天気の話題のように誰にでも通じることでもかまいません。朝は保護者と直接話す貴重な機会。あいさつだけで終わらせないことが大切です。

忙しくてもやってみよう！

心が通う　朝のひとこと

今日の天気のこと、昨夜のできごと、子どもの様子など、かける言葉の内容はどんなことでもかまいません。先輩たちの経験談を参考に、自分なりの「朝のひとこと」を考えてみましょう。

\ 先輩の声 /

お熱下がってよかったね。お母さんもお休みで大変でしたね

前日お休みしていた子には、体調が回復したことを喜ぶ言葉をかけてあげるようにします。看病にあたった保護者にもねぎらいの言葉を忘れず伝えます。

○○ちゃん、ニコニコだね。何かいいことでもあったのかな？

登園したときの子どもの様子を観察して、楽しそうなときは何があったか尋ねてみると、保護者も家庭での生活を話しやすい雰囲気になります。

昨日はとても風が強かったですね。夜は寝られましたか？

気候や天候については、誰とでも共通して話すことができる話題です。昨晩よく眠れたかを聞くことで、体調についても確認することができます。

自分からお部屋に入れるなんて、さすがだね！

子どもが泣かずにお部屋に入れたなど、そのときのよいことをほめます。そして子どもと一緒に「いってらっしゃい」と保護者を見送るようにします。

言葉をかけるということは、心をかけることと考えて

どんな他愛ない内容でも、声をかけてもらえると、心をかけてもらっていると感じられるものです。私も「あいさつ＋ひとこと」を心がけてみたところ、保護者が家庭での様子や子育てについての悩みなどいろいろ話してくれるようになりました。今日はあいさつ以外にどんなことを保護者に話そうか、登園までの時間に考えてみてください。

先生からアドバイス

第3章　保護者との信頼関係を築こう

[0歳] [1歳] [2歳]

降園時は保護者と1日を共有し、明日以降につなげる

悩み1

お迎えの時間帯はバタバタしていて、どんなことを保護者と話せばいいかわかりません。

これで解決！

1 まずは「おかえりなさい」と保護者をねぎらう

お迎えに来る保護者は仕事を終えて帰ってきたところ。まずは「お疲れさまです」「おかえりなさい」といったねぎらいの言葉をかけることで、仕事場から慌ててお迎えに来た保護者も心がやわらぎます。

2 トラブルがあれば小さなことでも原因と対応を伝える

もし、園生活の間でケガがあったときは、それがどんなに小さなケガでも、どのような状況で起きたものなのか、どのような手当てをしたのかを必ず伝えます。ほかの子とのケンカなどトラブルがあった際も同様です。

3 その日のエピソードを伝える

1日にあったことで、「さんぽでお花を見つけて教えてくれました」など、子どもの生活の様子がわかるような、もっとも印象に残ったエピソードを話します。早番の先生から受けた伝言があれば、それも欠かさず伝えます。

エピソードはメモをとっておくのもおすすめ。

悩み2

その場で答えられないことを聞かれたときに、保護者に安心してもらえる対応を知りたいです。

第3章 保護者との信頼関係を築こう

これで解決！

1 「しばらくお待ちください」と言って、リーダーや主任に聞く

質問があった場合は、必ずメモをとりましょう。そして、自分では答えられないと思ったら、保護者に「しばらくお待ちください」と断って、リーダーや主任、園長など状況を把握している職員に聞き、保護者に伝えます。

2 主任やリーダーがいないときは「〇日までにお返事します」と、いつ返答するか伝える

もし質問について答えられる職員がいなかったときには、その場でむりに答える必要はありません。保護者には「明日の朝までに必ずお返事できるよう確認しておきます」など回答の期限を伝えて、期限までに確認をしましょう。

これは NG ワード

「わかりません」

たとえ新人だとしても、保護者にとっては担任のひとりであることに変わりありません。園から配布される手紙などは必ず目を通しておき、自分がわからないことがあれば、前もって先輩や主任、園長に確認をしておくことが大切です。

保護者に直接伝えることがむずかしいときには、連絡帳に記入を。顔を合わせる機会がないからといって、先延ばしはさけましょう。

保育者間の伝達を確実に！

早番の職員からの伝言、リーダーや主任に確認した内容を確実に伝えることで、保護者は保育者間の連携・伝達がうまくいっていると感じます。そのことが保育者や園全体の信頼につながるのはいうまでもありません。正確な伝達ができるように、保護者からの質問も、ほかの職員から聞いた内容も、しっかりメモをとることを忘れないようにしましょう。

先生からアドバイス

`0歳` `1歳` `2歳`

保護者から信頼される保育者になるには

悩み1

よく「子どもを産んでいない若い先生にはわからないでしょうけど……」と保護者から言われてしまいます。

先生はわからないでしょ！

これで解決！

保護者にアドバイスしようとせず、理解したいと思っていることを伝えて

まずは保護者の思いに共感し、「同じようには理解できない面はあると思います」と理解が及ばないところがあることを認めることも必要です。ただ、共通する体験がないからといって、まったく理解できないわけではありません。保護者の話を聞いて、相手の身になり、理解したい気持ちがあることを心を込めて伝えてください。

心配なことがあればいつでも言ってください

そうしますね

保護者の話を じょうずに聞く3ステップ

STEP 1 理解したい気持ちを伝える

保護者の話を聞くことで「自分がはたらきながら子育てをしたら……」と想像してみることはできるはず。話を聞かせてもらい理解を深めるために、「困っていることや悩んでいることなど話してくださいね」と伝えてみましょう。

未熟者ですが、どんなことでも話してくださいね

STEP 2 最後まで否定・非難しないで話を聞く

実際に保護者が困りごとや悩みを話してきたら、決して最後まで否定せず、非難もせずに聞きます。ただ相づちを打ちながら聞くだけでOKです。辛い気持ちを聞いてもらっただけで、保護者はとても心が楽になるはずです。

なかなか寝てくれなくて困ってるんです

そうなんですね

STEP 3 むりにアドバイスしなくてもいい

悩みを聞かされると、保育者としてアドバイスをしなければと感じるかもしれません。でも、よけいなアドバイスをするよりも、最後まで話を聞いてもらったということが、保護者にとって保育者への信頼感につながります。

いつでも話してくださいね

話してよかった

若くても、話を聞ける保育者は信頼される

「話を聞くことは、語ることよりも、遥かに偉大な愛の証」ともいわれます。的確なアドバイスをするよりも、しっかりと話を聞くことのほうが、保護者に信頼されるために必要なことなのです。最初は「若いから」と思われても、ささいなことであっても保護者の話をじっくり聞ける保育者は、やがて信頼される存在になれるでしょう。

先生からアドバイス

第3章 保護者との信頼関係を築こう

耳を傾けてもらえる！お願いやトラブルの伝え方

Case 1

トラブルが多いKくん。今日も友だちとおもちゃの取り合いをして、転んですりむいた報告を保護者にすることに。

「園で防ぐことができず申し訳ございません」とまず謝る

トラブルが多くて困っていることを正直に伝える

＼よい対応は／

トラブルの話からするのはNG！園で起きたことは園の責任です

子どもどうしのトラブルは、発達の過程でさまざまなことを学ぶ大切な機会でもあります。ただ、トラブルが原因でのケガや、かみつき、ひっかきは本来保育者が防ぐべきもの。起きてしまった場合は園の責任として謝罪します。原因や状況などをどのように伝えるかは必ずリーダーや主任、園長にも相談し、統一しておきましょう。

Case 2

クラスの造形遊びのために各家庭から廃材を集めたい。

 ほしいものを一覧にして、いつまでに持ってきてほしいかを伝える

 ほしいものを一覧にして、もし家庭にあればいつまでに持ってきてほしいと伝える

よい対応は

各家庭の状況に配慮して一方的なお願いにしない

どんなものが、いつまでに必要なのかを一覧にしてわかりやすく伝えることは大切ですが、保護者が仕事と育児で多忙なことへの配慮を欠かさないようにしましょう。家庭によっては、かんたんに準備できないものもあります。「必ず用意しなければならない」とプレッシャーに感じないようなひとことも忘れずに。

どんなときも保護者の立場に立った伝え方を

子どものトラブルについて伝えることや、保護者にお願いごとをすることは、いつも以上の配慮が必要です。だからこそ、保護者の立場に立って、子どものよいところを最初に伝えたり、忙しさを気遣ったひとことを添えたりすることがとても大切です。保護者が協力してくれたことに対しては、必ず感謝の気持ちを伝えましょう。

先生からアドバイス

保護者から相談を受けたときはまず思いを受け止める

Case 1

「うちの子がMくんにいじめられていると言っているのですが……」と保護者から相談を受けました。

Mくんだけが悪いわけではなかったので、状況を説明する

Mくんだけが悪いわけではなかったが、話を最後まで聞く

よい対応は

まずは保護者の悩む気持ちに理解を

保護者の言っている内容が事実とちがうとしても、いきなり否定しては相談した気持ちまで否定されたように感じるでしょう。保護者は「自分の子どもがいじめられているかもしれない」と、とても心を痛めているはずです。まずはその気持ちに対して「お母さんも心を痛めていますよね？」と共感を示しましょう。内容を否定せず、最後まで話を聞いてもらっただけでも、保護者の気持ちはおさまるものです。

Case 2

「うちの子は蚊に刺されやすいので、夏はなるべく外に出さないか、虫よけにもっと気を遣ってほしい」と言われました。

 その場では返答せず、主任や園長と相談する

 すべての要求に応えられないので、できないことは「できません」と言う

＼ よい対応は ／

 すぐに否定せず、園内での統一した意見を伝える

保護者の要求のなかにはかんたんに対応できないものや、自分ひとりで対応を決められないものもあります。そんなときは、すぐに答える必要はありません。リーダーや主任、園長に相談し、園内で統一した対応を伝えましょう。ひとまず「お考えはわかりました」と、言われたことを受け止めるだけで十分です。

いきなり否定せず、保護者の思いを受け止める

保護者からの訴えが事実とちがっていたり、むりなことであったりしても、「そんなことはありません」「それはできません」と否定から入るのはやめましょう。いきなり否定されると保護者は「この先生に話してもダメだ」と、二度と話してくれなくなります。まず思いを受け止めることが大切です。ただし、園で話し合い、なんでも親の言う通りにする必要はありません。

先生からアドバイス

`0歳` `1歳` `2歳`

配慮を必要とするケースは、決めつけず、話をよく聞く

悩み1

なかなか言葉が出ない〇くん。保護者が不安を感じているようです。

ほかの子はたくさんしゃべるのに…

これで解決！

まずは保護者の気持ちを聞こう

発達には個人差があることを伝えても、保護者が気にしているようであれば「言葉が出るのがゆっくりだと連絡帳に書かれていましたが、それについて今はどう思われますか？」と聞いてみます。話を聞いたうえで、保護者が専門家のアドバイスを求めているようであれば、「言葉が出てくるために必要な援助を専門的に教えてくれるところもありますから、そういうところに行ってお話しなさってはどうですか？」と伝えてみましょう。いきなり専門機関への相談をすすめるのはNGです。

これは NG ワード

「気になるところがあります」

保護者は自分の子の発達がほかの子とはちがうと指摘されてしまうと、絶望的な気持ちになるでしょう。いきなり指摘せず、子どもの様子を聞くなかで、保護者自身の悩みを聞き出すようにしましょう。

「すぐに飛び出してしまうところがあるので」

たとえば多動傾向があるとしたら、「いろんなものに興味を持ちますね」と、まず最初に性質を肯定的にとらえた伝え方をします。

「自閉傾向があるかもしれません」

保育者は児童発達心理の専門家ではありません。決めつけて判断をするようなことは決して言ってはいけません。

悩み2

いつもクレームを言う保護者のことが苦手です。

第3章 保護者との信頼関係を築こう

これで解決！

どんな親でも子どもにとっては大好きな人。子どもを中心に話をしよう

クレームを言う保護者に対して「いつも文句ばかり！」と非難する気持ちがあると、その保護者の子どもにも伝わってしまうものです。どんな保護者でも、子どもにとってはいちばん大好きな人。「お母さんがお迎えに来ると、とってもいい笑顔になるんですよ」と子どもを通じて保護者を認めている気持ちを表してみましょう。また、その子が今夢中になっていること、チャレンジしていることなど、子どもの様子を話題にしてコミュニケーションをはかりましょう。

園として、決めつけないことが大事

子育てのことで悩んでいたり、自分自身が何か問題を抱えていたりする保護者に対してこそ、園や担任として支援したいものです。そのためには、「この人はクレーマーだ」「神経質すぎる」と決めつけずに話をよく聞き、共感することが第一です。「子どもが健やかに成長してほしい」という保護者との共通の願いに立ち返り、信頼関係を築きましょう。

先生からアドバイス

[0歳] [1歳] [2歳]

個人面談、保護者懇談会を成功させよう

悩み1

個人面談のとき、その場で保護者から聞かれた質問に答えられなそうで心配です。

これで解決！

1 事前にアンケートをとる

保護者と日程の相談をする際に、保護者が保育者に聞きたいことや、話し合いたい内容をアンケートするとよいでしょう。それをもとに、面談時に答えることや、話すことを準備しておくと、慌てず的確に答えることができます。

2 プラスの話題から話す

最初はその子が成長したことなど「よかったこと」を話題にしましょう。場がなごみ、話しやすくなります。気になることを先に伝えてしまうと、保護者は「うちの子を悪く思っている」と受け取ってしまいます。

3 面談後のフォローを忘れない

例えば個人面談で「寝る時間が遅くて困っている」という話が出たら、後日「早く寝られるようになりましたか？」と保護者に尋ねてみることも大事です。「30分早く寝られるようになりました」「よかったですね」などの会話から「面談で話してよかった」と保護者は安心し、信頼関係が深まります。

先輩の声　わたしはこうしています！

まずは保護者の悩みや不安に寄り添う

最初に保護者の悩みや家庭での子どもの様子など、保護者の話をきちんと聞いてから、日々の子どもの様子や成長している部分を話すようにしています。

悩み2

保護者懇談会ではどんな話をするとよいでしょうか？

第3章 保護者との信頼関係を築こう

これで解決！

① 保護者懇談会で伝えたいことを前もってまとめておく

できるだけ短い時間で伝えられるように、焦点をしぼって事前にまとめておきましょう。子どものつぶやきやエピソードなど、活動の情景が目の前に浮かぶように工夫します。動画や写真など見せながら説明するのもおすすめです。

② 進行は発言が偏らないよう配慮し、保護者が話しやすい演出を

司会をするときには、同じ人ばかりが発言することがないように、発言していない保護者にも「○○さん、いかがですか？」と意見を求めてみましょう。最初に子どもたちが好きな歌や寝かしつけのときの子守歌などを紹介すると、なごやかな雰囲気になります。

③ 欠席した保護者にも内容を伝えることを忘れずに

保護者懇談会に欠席した保護者には、リーダーに「プリントは欠席した方にもお配りしたほうがいいですよね？」などとひとこと聞いてから、懇談会で使ったプリントを保護者に渡し、「こんな話し合いがされましたよ」と伝えましょう。

保護者と保育者が理解を深める場に

個人面談や保護者懇談会は、保護者と保育者が子どもの育ちの理解を深め合う場です。個人面談では、7割は成長したところやいいところなどを伝え、残りの3割でこれからの課題や気になることを話しましょう。懇談会では率先して準備などを行い、発言については事前にリーダーや先輩に「わたしからも感じたことを保護者の方にお話ししてもいいでしょうか？」と相談しておきます。

先生からアドバイス

実例から見る 読まれるクラスだよりのポイント

`0歳` `1歳` `2歳`

その月で子どもがいちばん夢中になったことを書く

1カ月を通じて、子どもたちがいちばん夢中になった遊びや盛り上がった取り組みを大きく紹介します。またトイレトレーニングや食べ方の自立援助など、連絡帳で保護者から多く質問が出た生活習慣について、保護者へのアドバイスや答えになるような内容を書くのも喜ばれます。

エピソードはできるだけ具体的に書く

読んだ保護者がその場にいるような気持ちになれるように、また、誰が読んでもわかる内容にするため、保育者がかけた言葉や子ども一人ひとりの反応を具体的に書くようにしましょう。毎日の日誌にできるだけ細かいエピソードを残しておくと、クラスだよりを書くときにも役立ちます。

写真もたくさん使ってよりリアルな姿を見せて

写真をたくさん入れると、文章だけでは伝わりきらない園での子どもたちの様子を感じ取ってもらうことができます。「うちの子が写っていない……」と思う保護者がいないよう、2カ月に1度は全員の顔が出てくるように写真の撮り方や選び方を心がけたいものです。

第3章 保護者との信頼関係を築こう

その月の目標や連絡事項は必ず入れておく

指導計画の月案に沿った内容を「目標」として保護者にも伝えることで、1カ月の保育の内容を共有することができます。その月内にお誕生日を迎える子どもの紹介や、新しいお友だちや転園するお友だちの情報もあれば入れておくとよいでしょう。

保護者へのお願いは全員に向けてわかりやすく

新たに持参してほしいものなどは保護者に個別にお願いするのに加えてクラスだよりでもお知らせします。特定の子の服装や持ちものが気になる場合も、個別に伝えずに全員へのお願いとしてクラスだよりに載せると、保護者を傷つけずに配慮を促すことができます。

クラスだよりは担任全員が持ちまわりで担当する園が多いため、新人も書く機会があります。書く内容や書き方に迷ったら過去のクラスだよりを参考にしながら、リーダーに相談を。

保護者の反応を見て内容は随時変更を

クラスだよりは保護者全員と子どもたちの園での様子や保育の内容を共有するためのツールです。園の方針にもよりますが、手書きにするかパソコンで作成するかも含めて、保護者からよい反応があったものや「知りたい」とリクエストがあったものを積極的に取り上げることで、忙しい保護者にも読んでもらえるものになります。

先生からアドバイス

0歳 1歳 2歳
心が通う連絡帳の書き方① 内容編

やりがちNG！

天気がよかったので、今日も元気よく園庭で遊びました！

→

こうしてみよう！

天気がよかったので園庭で遊びました。Kくんは、今、夢中になっているすべり台に何度もチャレンジして楽しみました！

これで解決！

できるだけその子の様子を具体的に書こう

保護者は連絡帳から自分の子どもが園でどんなことをして過ごしていたか知りたいものです。誰にでもあてはまる内容ではなく、連絡帳を読むだけで、その子の姿が目に浮かんでくるような具体的なエピソードを書くように心がけましょう。

やりがちNG！

今日はお昼のときに、にんじんを口に運ぶと、イヤイヤ！食べたくない！と首を振っていました。自己主張ができるようになったんですね。

こうしてみよう！

今日はお昼のときに、にんじんを口に運ぶと、イヤイヤ！食べたくない！と首を振っていました。自己主張ができるようになったと受け止めて「これは食べたくないと思ったんだね」と言葉にしました。「お友だちはおいしそうに食べてるよ。少しだけ食べてみない？」と声をかけましたが、首を振っていたので、「じゃあまた今度食べようね」とお話ししました。

これで解決！

子どもの姿と保育者のかかわりを書こう

子どもがどんなふうに過ごしたかに加えて、保育者がどう対応したかを伝えると、家庭で同じことがあったときに、保護者も「わがままを言ってる！」ととらえず、どう対応したらいいのかがわかります。これが子育て支援につながる書き方です。

第3章 保護者との信頼関係を築こう

やりがちNG！

【保護者より】
昨日は帰ってからきげんが悪く、お風呂もイヤ、歯みがきもイヤと泣き続け、なかなか寝られませんでした。

【保育者より】
今日はお誕生日会だったので、みんなでSちゃんRくんをお祝いしました。Kくんも大きな声で歌いました。

→

こうしてみよう！

【保育者より】
それは大変でしたね。自我が芽生えてくると思うようにできないと嫌がることもあるものです。お母さんに甘えたい気持ちもあるのでしょうね。今日のお誕生会では、お友だちをお祝いして、歌を歌い、楽しく過ごしていました。また家庭での様子もお知らせください。

これで解決！

一方通行にせず、意見交換の場に

保護者からの連絡帳に、悩みや困りごとが書かれているときは、それを受け止め、寄り添った言葉を返してあげましょう。書いたことに何の反応もないと保護者は「読んでくれていないのかも」「こんなことを書いてはいけなかったのかも」と不安になってしまいます。

連絡帳は「子育て支援」機能を持つ重要なツール

保護者にとって、連絡帳は子育ての悩みや質問を気軽にできるものです。連絡帳での保育者とのやりとりを通して、悩みや困りごとを解消でき、保護者の心の平穏が保たれるのであれば、これも大事な子育て支援といえます。そのためにも、日ごろから保護者が連絡帳に書く内容に共感を示すことや反応を返すことを怠らず続けたいものです。

先生からアドバイス

0歳 1歳 2歳

心が通う連絡帳の書き方② お悩み編

悩み1

保護者がなかなか連絡帳を書いてくれません。

これで解決！

家庭での様子を尋ねてみましょう

「今日、Kくんがテレビの話をしてくれたのですが、ちょっと内容がわからなくて……。どんな番組が好きか教えていただけますか？」など知りたいことを尋ねる質問をすると保護者も書きやすくなります。保護者から返事があったら「教えていただいた番組を観たので、Kくんと話が通じるようになりました」と、お礼を返すことも忘れずに。

先輩の声

わたしはこうしています！

ひとつの話題をくわしく書きます

保護者がうれしい気持ちになりそうなその日の印象的なシーンをひとつ取り上げて書くようにしています。シーンが想像しやすいように、実際に発していた言葉や「誰と」「どこで」をくわしく書いています。

保護者の気持ちに配慮します

保護者が書いてくれた文面のなかから、保護者の不安な気持ちやはっきりと口にできない本当の気持ちを読み取り、そこを配慮しながら返事を書くように心がけています。

悩み2

よいことは書けますがトラブルについては書きにくいです。

これで解決！

子どもの育ちと行為の意味を伝えよう

トラブルについて書くときも「かみつきがありました」とできごとだけを伝えるのではなく、子どもがどんな育ちの過程にあり、なぜかみつきが起きてしまうのかをくわしく書きます。そうすることで、保護者にも「うちの子だけではないんだ」と理解してもらえ、否定的にとらえられないでしょう。また、保育者がそのときどんな対応をしたのか書くことも安心を与えます。

こうしてみよう！

> 今日はお友だちとおもちゃを取り合って、かみついてしまいました。この時期の子どもたちは、自分の気持ちをまだうまく言葉にすることができません。そのため、ほかのお友だちが持っているおもちゃで遊びたいと思うと、とっさにおもちゃを取ってしまう行為がみられます。また、それを拒まれると、思わずかみついてしまうことがよくあります。かみつきをしたことについては「Kくん、お友だちにかみつくのはよくないよ」と厳しく言い聞かせましたが、そのあとで「お友だちが使ってるおもちゃがほしかったの？」と行為の意味を確認したところ、「うん」とうなずきました。そこで「次からはかみつきをしないで、ぼくもほしいって言ってね」と伝えておきました。

連絡帳は保育者と保護者がつづる「成長記録」

よりよい子どもの保育のためには、「家庭と園の連携」が欠かせません。保育者と保護者が、連絡帳を通じて子どもの育ちについて共有して、家庭と園での生活の様子を伝え合うことは、子どもの心身の安定に大きくかかわります。家庭と園、双方での子どもの1日ごとの育ちの過程が記された連絡帳はその子の「成長記録」といえるのです。

先生からアドバイス

第3章 保護者との信頼関係を築こう

これってOK？NG？ 連絡帳のマナー

△ 絵文字は保護者が使うようであれば書いてもOK

絵文字を使う保護者であれば、返事を書くときにも絵文字を交えてみると、気持ちが伝わりやすくなることもあるでしょう。ですが、絵文字を使わない保護者に対して使うと、「真面目に答えてくれていない」と思われる可能性があります。書き方を統一する必要はなく、保護者一人ひとりの特徴や求めていることに合わせます。

✕ 口語体は使わない

「やったね！」「すごーーーい」など口語体を使うことで、より気持ちが伝わりやすくなると考える保育者もいるかもしれませんが、これはおすすめできません。どういう場面で喜んだのか、なぜうれしく思ったのかをくわしく書きましょう。連絡帳は成長記録として残しておくものであることを念頭においていねいな記述を心がけましょう。

✕ 保護者を不安にさせることだけ書かない

「今日は朝からずっと泣いていました」と否定的な内容を書くと、保護者に不安を与えるだけになってしまいます。「なかなか泣きやまなかったので、園のなかをさんぽして気分転換をしてみました」など保育者がどう対応したのかを書くことで、保護者も「泣いて放っておかれたわけではない」と安心できます。

○ 保育者自身の気持ちを書く

連絡帳は保育者と保護者が気持ちを通わせ、子どもの成長を共有するためのものです。「じょうずにあんよができるようになって、うれしく思います」など保育者がどう感じたかを書くことで、保護者も自分の気持ちを書きやすくなり、気持ちを共有するきっかけになるでしょう。

仕事のスキルアップを目指そう

> 0歳　1歳　2歳

保育を取り巻く環境は変化している

保育者の役割がますます重要に！

保育者は「子育てのプロ」という自覚を持ちましょう

保育者は、子育てに関する国家資格を持った、言うならば「子育てのプロ」。その専門性を生かし、園に通う子どもたちだけでなく、地域の保護者に対しても子育て支援を積極的に行うことが求められています。これは、新しい「保育所保育指針」にも明記されています。

地域や家庭との連携が大切

子どもの生活は、家庭と園、そして地域と連続しています。それをふまえ、家庭と地域社会とも連携していく意識がいっそう重視されます。

続く待機児童増加傾向。「保育の質」の向上が課題に

待機児童解消のための小規模園や多機能園の増加、3歳未満児の増加などを背景に、「保育の質」の向上が求められています。これは、幼少期の「保育の質」がその後の子どもの成長に大きな影響を与えるという調査結果があるためです。保育の質を高めるためには、保育者による保育そのものの質の向上だけでなく、クラスの子どもの人数や設備など条件面の質、そして、保育者自身の給与や働く意欲など、労働環境における質の向上もまた必要です。

保育者として知っておきたい
保育関連の制度

第4章 仕事のスキルアップを目指そう

1 子ども・子育て支援新制度

「すべての子どもたちが、笑顔で成長していくために。すべての家庭が安心して子育てでき、育てる喜びを感じられるために」という理念のもと、保育の受け入れの拡大と質の向上、地域での子育て支援の充実をはかるために制定された制度。認定こども園の普及、保育施設職員の処遇改善、地域子育て支援拠点の設置など、子育てにまつわるさまざまな問題を解決するために平成24（2012）年に制定され、各地の市区町村が中心となって進めています。

2 認可保育園と認証保育園

認可保育園は、施設の広さ、職員の人数、設備など、国が定めた設置基準をクリアして各都道府県知事に認可された保育園で、全国に設置されています。認証保育園は東京都独自の制度で設置されている保育園です。土地が不足している大都市では国の設置基準を満たすことがむずかしいため、東京都による独自基準が設けられました。民間企業やＮＰＯ法人、個人が運営しています。

3 認定こども園

幼児教育と保育を一体的に行う施設。1日4時間程度の教育を実施するとともに、必要な子どもに対しては保育も提供するという、これまでの「幼稚園」と「保育園」の両機能を併せ持った施設です。両親の就労の有無を問わず利用できます。「子ども・子育て支援新制度」の制定にともない、全国的に保育園や幼稚園を認定こども園へと移行する動きが加速しています。

4 いろいろな保育

休日保育：認可保育園が休園となる日曜・祝日も就労のため保育を必要とする保護者に代わって実施される保育。

産休明け保育：産休が明ける生後57日目から受け入れる保育。受け入れの可否や費用は各自治体により異なり、受け入れ人数に制限がある場合も。

一時保育：保護者の就労や入院、子育て中のリフレッシュなどの理由で、保育所が子どもを一時的に預かる制度。

＼ 先生からアドバイス ／

知識で子どもをとらえるのではなく、子どもの実態や子どもの目線を大事にする保育を常に頭におくことが大切です。それが保育所保育指針にある「子どもの最善の利益」を考えることになります。

0歳 **1歳** **2歳**

保育者として守るべき モラル（倫理観）とは

Case 1

同僚と飲食店で園の話。これってOK？

A 園から離れた場所ならOK

B 他人に聞かれそうな場所は絶対にNG!

＼よい対応は／

B

プライバシーは絶対に守る

保育者は、子どもと保護者一人ひとりのプライバシーを守る義務があるため、保育を通して知り得た個人の情報や秘密を必ず守らなければなりません。これは全国保育士会倫理綱領でも定められています。電車のなかなどの移動中も注意が必要です。園で撮った写真を、写っている人の許可なく公開したりSNSにあげたりするのもNGです。

ほかにもある！ 保育者が絶対に「やってはいけないこと」

第4章 仕事のスキルアップを目指そう

1 体罰

いかなる場合でも、保育者は子どもに対して体罰を行ってはいけません。体罰とは、「いけないこと」をしたとき、お仕置きで暴力行為を行うこと。危ない場面でとっさに手を止める、などは体罰にあたりません。

（例）

- **NG** しかっているときにたたいたり大きくゆすったりする
- **OK** ストーブに触りそうな手をつかんで止める
- **NG** 友だちをたたいた子を、長時間、正座させる
- **OK** プールで危険な遊びをした子を見学させる
- **NG** 午睡しない子を押し入れにとじこめる
- **OK** つかみ合いのケンカをしている子どうしを引き離す

2 性差別

保育者として、子どもたちに性差による差別意識を持たせないよう心がける必要があります。「男の子はかっこよく」「女の子はかわいらしく」など、無意識のうちに性差別をしている場合もあるので注意しましょう。

（例）

- **NG** 「男の子なんだから泣かないの」となぐさめる
- **NG** 「女の子なんだからおとなしくしようね」と注意する
- **NG** 道具や衣装などを男の子は青、女の子はピンクと決めつける
- **NG** 「運転士は男の子」「看護師は女の子」など、役柄を性別で決める
- **NG** 名前を呼ぶ際、必ず男の子から先に呼ぶ
- **NG** お手伝いを女の子だけにお願いする

これもチェック！
保育に携わるうえでの原点として理解しておきましょう。

児童憲章 ➡ http://www.mext.go.jp/b_menu/shingi/chukyo/chukyo3/004/siryo/attach/1298450.htm

全国保育士会倫理綱領 ➡ http://www.zenhokyo.gr.jp/hoikusi/rinri.htm

園に通う子どもの利益を最優先に考えましょう

すべての子どもは無限の可能性を持っています。園に通う子どもの最善の利益を第一に考え、保育を通して可能性を伸ばすよう努めることが大切です。これは、「全国保育士会倫理綱領」でももっとも重要なこととして第一項に定められています。

先生からアドバイス

職員のひとりとして、チームワークを育もう

悩み1

先輩から、「保育はチームワークが大事」と言われました。どのように連携をとったらよいでしょうか？

これで解決！

笑顔を忘れず、「手伝います」「私がやります！」のひとことで、気持ちのよいコミュニケーションが生まれる

複数担任のときやリーダーのフォローなど、保育はチームワークがとても大切。新人の場合、「手伝います」「私がやります」と積極的に声をかけ、まずは率先して動いてみましょう。先輩はそんな姿からやる気を感じて、あなたを信頼してくれるようになるでしょう。もし「いいよ、ここは私がやるから」と断られたら、「ありがとうございます」と応えるなど、気持ちのよいコミュニケーションを心がけましょう。

第4章 仕事のスキルアップを目指そう

たとえば こんなことが保育のチームワーク

- ◆ひとりの子につき添う保育者がいたとき、ほかの子を見る
- ◆子どもの現状を共有する
- ◆交代で休憩をとる
- ◆クレームがあったり問題が起こったりしたときに、自分のこととして真剣に考える
- ◆子どもたちに必要なことを保育者どうしで話し合う
- ◆先輩が何の仕事をしているかを把握し、自分ができることをする

チームワークを育むポイント

1 仕事内容や子どもの特徴を早く覚える努力をする

新人は、できるだけ早く仕事や子どものことを覚えることがチームワークの第一歩です。そのためには、先輩の仕事ぶりをよく観察し、よいところはまねをするのが近道です。保護者や子どもに好かれている先生は、その園で求められている理想像と認識しましょう。

2 自分の保育に落ち度がなかったか振り返る

子どもがケガをしたとき、保護者からクレームがあったとき、「忙しくてそこまで気をつけていられない」と、子どものせいにしたり自分を正当化したりする前に「自分に落ち度はなかったか」と謙虚に受け止めましょう。子どもの安全と保護者の安心のために園全体で最善を尽くすことが、チームワークなのです。

保育者どうしは適度な距離感を保つようにしましょう

保育者どうしはチームを組んで一緒に仕事をしていく「仲間」ではありますが、「友だち」のような関係になると緊張感がなくなり「ゆるみ」につながります。保育中は私語をしない、保育者どうしはていねい語で話すなど、適度な距離感を保つよう心がけましょう。

先生からアドバイス

悩んだときは抱え込まず、先輩に相談を

Case 1

どう接したらよいかわからない子がいて、すっかり自信喪失……。

 本やネットで似たような例を探す

 「先輩だったらどうしますか?」と聞きに行く

＼よい対応は／

自分で考えたことに対して先輩の意見をもらおう

今はスマートフォンなどで何でも調べられる時代。でも、あなたの目の前にいる先輩は、インターネットでは得られない現状に沿ったたくさんの答えを持っています。答えを全部聞くのではなく、自分の考えを交えて聞くようにしましょう。また、保育中に聞くのはNG。相手のタイミングを見計らって聞きましょう。聞きたいことを簡潔にまとめておき、教わるときは必ずメモを取りましょう。教わったあとは、お礼の言葉を忘れずに。また、教わったことがうまくいったときに報告すると、より信頼関係が増します。

クラスリーダーの先生が苦手。仕事でわからないことを主任の先生に聞いてもよい?

 もちろんOK

 仕事のことはまずはリーダーに聞く

よい対応は

B **仕事のことは、まずは直接の上司であるリーダーに聞くのが鉄則**

リーダーを飛び越えて最初に主任に聞くと、リーダーは無視されたように感じ、プライドを傷つけられてしまいます。また、相談や質問をすることでリーダーとの関係がよくなることもあります。リーダーが忙しそうにしている場合、主任に「いつリーダーに聞いたらいいですか?」と相談するのはOKです。

先輩への質問・相談が、お互いの信頼関係を築くことにつながります

ネット上の情報は、あなたの現状に合っているかどうかはわかりません。先輩に聞くことで信頼関係が増し、それがチームワークにもつながるものです。どんなに怖そうな先輩でも、聞いてほしいと思っているはず。特に1年目は、何でも聞いてOKですよ!

先生からアドバイス

よくある
保育の仕事の お悩みQ&A

Q. 先輩と保育観が合いません

A. 保育観は人それぞれ。子どもの利益を最優先に考えましょう

どちらが正しいではなく、子どもを真ん中に置くことが大切です。主任を交えて話をするなどし、まずは、先輩の考えをよく聞きましょう。

Q. なついてくれない子がいます

A. その子が好きなものを知ることから

保護者にその子が好きなものを聞いてみたりして、話しかける材料にしましょう。すぐ信頼を得ようと焦らずに、子どもに合わせてコミュニケーションをとりましょう。

Q. 先輩のようにテキパキ動けず「気が利かない」と言われてしまいます

A. まずは先輩のまねから始めよう

最初から仕事ができる新人はいません。まずは先輩の動きをよく見て、それをまねすることから始めてみましょう。疑問に思ったことはメモを取り質問するのもいいですね。

Q. 仕事が終わらず、家にいつも持ち帰っています。どうしたらいい？

A. クラスリーダーに相談してみましょう

何の仕事が終わらないのか、なぜ時間がかかるのかを振り返り、どう改善すればいいのかをまず自分で考えたうえでクラスリーダーに相談します。ほかの保育者の体験談を聞くのもよいでしょう。

第4章 仕事のスキルアップを目指そう

Q. 気持ちに余裕がなく、つい子どもに怒ってしまいました

A. 感情的になってしまったら、その場で深呼吸を

まずはその場で深呼吸して気持ちを落ち着かせましょう。そして、子どもに「ごめんね、先生怒っちゃったね」と謝ることも大切です。

Q. 子どもがかわいいと思えなくなりました

A. 気分転換をして、気持ちをリセットしましょう

休日は仕事以外の趣味を楽しむなどして、気持ちをリセットさせましょう。気分転換ができれば子どものよいところに目が向くようになり、子どもと笑顔で向き合えるでしょう。

Q. 子どもの体力についていけません！

A. ペース配分を考えましょう

先輩の動きをよく観察すると、一緒に遊ぶときと子どもの遊びを見守るときのバランスなど、いい意味で力を抜く要領がわかってきます。

Q. 仕事を続ける自信がなくなりました

A. 原因を書き出し、信頼できる人に話を聞いてもらいましょう

原因を書き出して、信頼できる人に相談してみましょう。体力的に無理をしすぎないことも大事です。そのうえで続けることが困難だと思ったら、クラスリーダーに相談するとよいでしょう。話を聞いてもらうだけで気持ちが軽くなることもあります。

Q. 人見知りする性格です。コミュニケーション能力を上げるには？

A. 相づちを打つ＋その後ひとことを

相づちを打ちながら話を聞くことも、コミュニケーションの方法です。それから「＋ひとこと」を加えられたらいいですね。「人見知りだから」と殻にこもらず、相手をよく見て、気づいたことをひと声かけてみましょう。

`0歳` `1歳` `2歳`

週のリーダーとして、役割を果たすために

悩み1

週替わりのリーダーを
やるように言われましたが、
何をやればよいかわかりません。

これで解決！

週案を作成して、1日の活動を見通してみよう

リーダーの大切な業務は週案の作成です。最初は先輩のまねでOK。先輩方の週案を参考に、まずは自分なりに作成してみます。作成後、クラスリーダーに意見をもらい、完成させましょう。リーダーの週が始まったら、その日のスケジュールをほかの保育者にも周知し、活動や日課など、1日の生活の流れをしっかり頭に入れておきましょう。あなたならできる、と思ったから任されたはず。自信を持って取り組みましょう。主体的に取り組むと、仕事を覚えるのが早くなるはずです。

第4章 仕事のスキルアップを目指そう

積極的に動こう！
週のリーダーの主な仕事と気をつけたいポイント

1 前日に自由遊びの環境構成をする

前日のうちに、次の日の自由遊びの環境構成を行います。昨日と同じものを出すのか、新たなものを出すのか、どういう遊びを展開するのかを週案に従って前日に用意をしておきましょう。

2 その日の出席人数を事務所や給食室に伝える

その日の出席人数を把握するのもリーダーの大切な役割です。朝の受け入れが落ち着いたら欠席者がいるかどうかを確認し、出席人数を把握して事務所や給食室などに報告しましょう。

3 時間を見ながらそれぞれの活動を促す

子どもたちの遊びをよく見ながら、時間が来たら食事、午睡、おやつなど、生活の変わり目を把握し、次の活動に移れるよう、子どもやほかの保育者に呼びかけて促します。そして各活動の中心となって行動します。

4 その日の活動を関係者に知らせる

その日の活動を、ほかの担任や職員など関係者に周知します。予定に変更があった場合など、伝え漏れがないよう特に注意しましょう。

見通しを持って活動しましょう

先輩たちに声をかけてリードしていくことに遠慮を感じる人が多いですが、気にすることはありません。任されたリーダーのいちばん大切な役割がそれですので、積極的に行いましょう。1日の流れをしっかりつかみ、「自分が今週はリーダーだ」と自覚を持って、見通しを立てながら活動するとよいでしょう。

先生からアドバイス

指導計画の書き方のポイント

0歳 1歳 2歳

0歳児クラス

指導計画は、保育を楽しく進めるためのもの

新・保育所保育指針により、保育課程が「全体的な計画」(旧・保育課程)に変わりました。それをもとにクラス担任等が年間指導計画を立て、実際に行う保育の計画として月間指導計画(1カ月単位)、週案(1週間単位)を作成します。

ポイント

① 子どもそれぞれの個別計画を作成する

0・1・2歳児については、発達の個人差が大きいため、個別の計画を作成することが求められています。特に月の指導計画は、個人別の内容を中心にカリキュラムを作成します。クラス全体を運営していくなかで、子ども一人ひとりにどれだけ対応できるかが3歳未満児クラスの重要なテーマとなります。

② 子どもと保育者両方の願いを盛り込む

子どもの思いを読み取るには、子ども一人ひとりと向き合って、よく観察することが必要です。保育者の願いや経験させたいことと、子どもの願いのどちらもかなえる活動や、そのための環境構成や具体的なかかわり方について、子どもたちの反応を予測しながら計画を立てていきましょう。

③ 書式は園ごとに違う

指導計画は、子どもたちの実態に合わせて、クラスを円滑に運営していくためのものであって、記録のための記録にならないようにしたいものです。園ごとに書式は違いますが、設置されている項目に大きな違いはありません。

④ 前年度のものや、先輩のアドバイスを参考に

園では、数年分の指導計画を保管しています。同じ年齢の前年度の子どもの様子はどうだったか、また、担当をしている子どもたちが前年度はどんなことをしていたかなどを振り返ると、指導計画作成のヒントが見つかります。

【0歳児クラス 4月 月間指導計画の例】

❶ ねらい	■担任の顔を覚え、安心した表情を見せる。 ■新しい環境になじみ、心地よい生活リズムで過ごす。 ■個々の育ちや興味に合った遊びを楽しむ。	❷ 子育て支援	■朝夕の会話や連絡ノートなどを通じて家庭の様子を知り、保育園の様子を伝える。 ■クラス懇談会で今後の保育内容や見通しを伝える。
❸ 環境（保育のポイント）	■それぞれの子どもに担当保育者を決め、できるだけ特定の大人が継続的にかかわり、心の安定をはかる。 ■子どもが発する喃語や指差しをあたたかく受け止め、やさしい語りで応えていく。 ■睡眠・授乳・食事・おむつ交換の場所を固定し、安心できる環境を整える。個々の家庭での様子やリズムを考慮に入れながら、24時間の心地よい生活を築いていく。 ■睡眠は、抱っこや子守歌でスキンシップをはかりながら、安心して寝つけるよう努める。睡眠中も注意深く見守る。 ■授乳は目と目を合わせ、ゆったりした気持ちで行う。食事はアレルギーに配慮し、むりなく進める。家庭や調理担当者とはていねいに連携を取り合う。 ■おむつ交換は、1対1で向かい合う大切な時間ととらえる。そして、語りかけやふれあい遊びを行い、生理的にも心理的にも快く感じられるよう心がける。交換を嫌がる子どものためにつりおもちゃを用意する。 ■低月齢の子どもには、紙風船やモビールなどのつりおもちゃを用意する。高月齢の子どもには、簡単な穴落としや積み木を用意する。機会をとらえて外気に触れさせ、気分転換をはかる。 ■育ちや動きのちがう子どもがそれぞれ安心して生活し、遊べる空間を保障する。人の動きに動揺しないような部屋づくりを工夫する。棚やパーティションを利用する。		
❹ 健康・安全	■入園までの健康の様子やアレルギーの有無を十分把握しておく。 ■子どもの表情やきげん、触れたときの体温や食欲、動き方などをよく観察し、健康保持に努める。 ■子どもは新陳代謝が激しいことを考慮に入れ、園内で少なくとも1回は衣類交換し、全身の様子を観察する。 ■部屋や遊具、寝具の衛生に留意する。換気を行い、空気清浄をはかる。		

	子どもの姿	ねらい	保育者のかかわりと配慮
❺ ひろと（3か月）	■首がすわり、あやすとじっと顔を見る。 ■きげんがいいと「クンクン」というような喃語を発する。眠気や空腹を泣いて訴える。 ■家庭では母乳なので乳首に抵抗があり、30ccくらいしか飲まない。 ■眠いと抱っこでほどなく寝つくが、眠りが浅く、20〜30分で目覚める。 ■カラーボールのつりおもちゃが気に入り、よく見ている。保育者がまわすとうれしそうな表情になる。	■語りかけやあやし遊びを喜ぶ。 ■喃語で感情交流を楽しむ。 ■哺乳瓶になじむ。 ■安心して眠る。 ■つりおもちゃを見て楽しむ。	■子どもの要求や気持ちをくみ取り、言葉を添えて的確に応えていく。 ■喃語に応えてやさしく語りかける。 ■おむつ交換は語りかけやふれあい遊びで心身両面のタッチケアを行う。 ■乳首を替えたり、家庭でもためしてもらう。哺乳回数を増やす。 ■睡眠環境を再確認し、家庭の様子も聞く。 ■つりおもちゃを用意する。

❶ 子どもを主語にして、育ってほしい姿を書く
子どもたちの実態から見えてきた課題と、この時期だからこそ経験させたいことなどを、個々の発達を考慮しながら記入します。

❷ 家庭と連携することを書く
保護者とのかかわりや、家庭に対して伝達することや働きかけることを記入します。

❸ 保育者が行うことを書く
「内容」に関して、保育者が子どもとどうかかわるか、どのような環境を設定するかを、より具体的に記入します。

❹ 健康や安全に関する具体的な活動を書く
子どもの健康と安全にかかわる確認事項や設備点検、食育の具体的な活動などを記入します。

❺ 子どもごとに発達や援助について書く
前月末の子どもの姿から、ねらいを設定します。子どもの様子を否定的にとらえず、共感的に理解したうえで、援助をできるだけ具体的に記入します。

指導計画の書き方のポイント

1歳児クラス

【1歳児クラス 5月 月間指導計画の例】

月のねらい	■園生活のリズムに慣れ、安心してゆったりと過ごせるようになる。 ■保育士と一緒にきげんよく遊ぶ。	
① 保育士間の連携	■休み明けの子どもの様子や不安定な子どもの受け入れについて話し合い、適切な対応ができるようにする。 ■保育士間で子ども一人ひとりの居場所や動きについて声をかけ合い、確認しながら事故防止に努める。	
氏名	子どもの姿	保育士の援助及び配慮
そら（1歳10カ月）	■登園時、泣いて父親を追うことがある。 ■遊んでいるときや絵本を読んでもらっているときに指しゃぶりをし、保育者の手を触ったりする。 ■目覚めのときは泣くことが多い。	■不安な気持ちを受け止め、抱っこでスキンシップを十分にとり、安心できるようにする。 ■甘えたい気持ちを受け止め、さりげなく手をつないで、口から指を抜いたりする。 ■保育者がそばにつき、やさしく言葉をかけ、安心して目覚められるようにする。
みつる（2歳0カ月）	■登園時は保護者と離れるときに泣くが、抱っこして落ち着くと好きなおもちゃで遊ぶ。 ■自分が使っているおもちゃを取られそうになると、かみつこうとする。 ■午睡も布団を敷くとわかり、泣き出すが、保育者にそばについてもらうと眠りにつける。	■抱っこでスキンシップを十分にとり、安心して遊べるようにする。 ■おもちゃを取られそうになる気持ちを理解し、「あとで貸してね」と仲立ちする。かみつきそうな場面では事前に止めに入り、いけないことを伝えていく。 ■保育者がそばにつき、やさしく言葉をかけて安心して眠りにつけるようにする。

第4章 仕事のスキルアップを目指そう

❶ 保育者どうしでの共通理解を深める

園では、集団生活のなかで複数の保育者が一緒に保育をしています。今、クラスとしてどんな課題に取り組むのか、どのような点に配慮すべきかといったことを、保育者どうしが共有しておくことが大切です。また、子どもそれぞれに合わせた援助も保育者の共通理解が欠かせません。

❷ 評価・反省で保育を振り返る

評価は、子どもに対するものではなく、保育者の子どもに対するかかわりが適切であったかどうかを振り返ります。次にどうするかを考え、保育に生かせるように書きましょう。その月の子どもの様子や成長した姿を書くのもよいでしょう。

環境構成	■連休明けは、泣いてしまう子もいるのでゆったりとかかわる。 ■特定の保育士を求める子には、できる限り応えるようにし、情緒の安定をはかっていく。 ■一人ひとりの遊びを見守り、安全に配慮しながら十分に探索活動ができるようにする。	12日 お話会 18日 遠足 19日 避難訓練 25日 誕生日会
子育て支援	■新しい環境のなかで、緊張感から疲れが出やすく、体調を崩しやすい時期なので、家庭での健康状態を詳しく教えてもらう。 ■戸外に出ることが多くなるので、気温の変化や服装の汚れに対応できるよう、着替えの用意をお願いする。 ■健康診断、身体測定の結果を報告する。	

経験する内容	❷ 評価・反省
■園生活に慣れ、保育者に親しみ、落ち着いて生活する。 ■好きなおもちゃや遊びを見つけて遊ぶ。 ■保育室内の環境に興味を持ち、触ってみたりしながら、探索活動を楽しむ。 ■さんぽに出かけ、いろいろなものを見たり触れたりする。 ■落ち着いた雰囲気のなかで食事を楽しむ。食べさせてもらったり、スプーン、手づかみなど自分で食べようとする。	■登園時は父親ときげんよく来ることもあるが、泣いて離れられないときもある。抱っこしたり絵本を読んでもらっているうちに落ち着き、好きなおもちゃを探しはじめる。食事前、午睡後はトイレに誘う。1対1でかかわり手をつないでいくと、スムーズにトイレに座ることができ、排尿に成功することも多くなってきた。
■おむつを替えてもらったりトイレで排泄しようとする。 ■保育者に添い寝してもらったり、子守歌を歌ってもらい、安心して一定時間眠る。 ■保育者に手伝ってもらいながら、自分で衣服の着脱をしようとする。	■朝の起床時間が早いときは、食事中に眠くなってしまうことがあるので、連絡帳を確認していく。眠くなってしまうときは、早めに布団を用意する。言葉が少なく、表情もあまりないように思えるので、保育者とのふれあい遊びを多く取り入れて、笑顔が見られるようはたらきかけていく。

指導計画の書き方のポイント

0歳 1歳 **2歳**

2歳児クラス

【2歳児クラス 4月 月週案指導計画の例】

子どもの姿	■新しい担任・クラスに動揺する。 ■新しい友だちを気にする。 ■新しい環境に緊張する。 ■保護者と離れられずに泣く子もいる。	
内容	■安心した生活のなかで食事・排便・睡眠のリズムをつかむ。 ■部屋や担当保育者を覚え安心して過ごす。 ■目新しいおもちゃに興味を示し、いろいろ手に取って遊ぶ。 ■保育者と一緒に歌ったり手遊びをしたり、体を動かして遊ぶ。 ■戸外で砂・土などの自然物に触れて楽しく遊ぶ。	
週	第1週（4/1〜4/9）	第2週（4/11〜4/16）
ねらい	■好きな遊びを見つける。 ■自分のマークやロッカーを知る。 ■担任や新しい友だちがわかる。	
活動	［室内］おままごと、ブロック、絵本、パズル、電車など好きな遊びを見つけて楽しむ。 ［戸外］ボールを抱える・転がす、砂場で穴を掘る、三輪車にまたがり足で進む、すべり台の昇り降り	［室内］おままごと、ブロック、絵本、パズル、電車など好きな遊びを見つけて楽しむ。 ［戸外］ボールを抱える・転がす、砂場で宝探し、三輪車にまたがり足で進む、すべり台の昇り降り
援助・配慮・環境の構成	■個々の発達に合わせて、見守りながら必要に応じて援助していく。 ■子どもたち一人ひとりをあたたかく受け入れ、安心できるようにスキンシップを十分にとる。ひざに座らせたり、一緒に歌ったり、手遊びをしてふれあって楽しめるようにする。 ■一人ひとりの興味や遊ぶ姿に合わせて、おもちゃの数を加えたり片づけたりする。 ■遊具の使い方を伝えながら、保育者と一緒に遊びを楽しめるようにしていく。 ■いろいろな大きさや形の素材をそろえる。	

❶ 週案を盛り込んで見通しを立てる

クラス運営をするにあたって、活動を1週間ごとに区切ってカリキュラムを作成すると、月間の見通しが立てやすくなります。月間を通して配慮する項目と、それまでの子どもたちの経験や今後の行事などから週単位に変えていきたい項目が一目でわかります。

❷ 活動ごとに具体的に記述する

2歳児は活動が活発になり、行動範囲も広がります。また、自分でできることが飛躍的に増えていく時期です。子ども自らが意欲的に楽しんでいることや、この時期に経験させたい活動内容を、場所や分野ごとに分けてできるだけ具体的に記述すると、保育者どうしで共通の理解をしやすいでしょう。

月のねらい	■新しい保育環境に慣れて安心して過ごす。 ■気持ちを十分に受け止めてもらい、保育者との信頼関係を築いていく。 ■自分の好きな遊びを見つけて楽しむ。	1日 入園説明会
子育て支援	■新しい環境に慣れていく子どもたちの様子をこまめに伝え、保護者とのコミュニケーションを大切にしていく。 ■部屋・ロッカーの使い方を伝えていく。 ■持ちものには記名をお願いする。	

第3週（4/18～4/23）	第4週（4/25～4/30）
■好きな遊びを楽しむ。 ■自分のマークやロッカーがわかる。 ■手遊びや歌遊びを楽しむ。	■戸外で体を動かして遊ぶ。 ■こどもの日の簡単な行事の話を聞く。 ■手遊びや歌遊びを楽しむ。
［室内］おままごと、ブロック、絵本、パズル、電車など好きな遊びを見つけて楽しむ。 ［戸外］ボールを抱える・転がす、砂場で宝探し、三輪車にまたがり足で進む、すべり台の昇り降り	［室内］おままごと、ブロック、絵本、パズル、電車など好きな遊びを見つけて楽しむ。こいのぼり製作。 ［戸外］保育者に追いかけられ逃げることを楽しむ。

［生活習慣］

食育… 個人の量を把握し、楽しい雰囲気のなかでむりなく進めていく。

排泄… 保育者が一人ひとりの排尿間隔を把握し、むりなくトイレに誘いかけていく。

睡眠… 安心して入眠できるよう雰囲気を整える。

清潔… 手洗いの仕方をそばについて知らせていく。

`0歳` `1歳` `2歳`

日誌や記録の書き方のポイント

日誌や記録は、課題を発見し解決するために書く

保育の現場では書く仕事が多くありますが、これは大事なできごとを忘れないためです。保育者にとって大事なできごとというのは、保育のなかでとらえた子どもの姿や育ち、人との関係性や活動の展開、それらのことから見いだしたさまざまな疑問や発見、感動などでしょう。書くことで思考が整理され、意識化された疑問や課題の答えを探すことにつながるのです。それらはすべて翌日以降の保育に生かされていき、よりよい保育の提供が可能になります。

ポイント

1 メモを取る

その日の保育の計画や、子どもの様子を見ながら、心が動いた部分をかんたんにメモに取っておきます。箇条書きにしてキーワードだけ書いておいたりしてもよいでしょう。自分がわかれば、どんな書き方でもOKです。

2 重要だと思った所を視点を定めて書く

提出用の日誌には、誰が読んでもわかるように具体的に記述します。このとき、取ったメモのなかで特に心に残ったことに視点を定めて書くようにしましょう。具体的に、子どもの発言や自分が子どもにかけた言葉なども書きます。子どもの心の葛藤や心通う場面、生活面で戸惑いが感じられたこと、それに対してどのようなかかわりや援助をしたかなどを記述します。

先輩の声 わたしはこうしています！

子どもの姿（事実）と保育者の評価・反省が混ざらないように、分けて書くように心がけています。

日誌の書き方

【2歳児】

日案	9月8日（金）　天気：晴れ	
内容	■お友だちと一緒に遊ぶなかでかかわりや会話を楽しむ。 ■紙芝居を読んでもらい、友だちへの優しい気持ちに触れる。	
❶配慮事項		
全体	紙芝居を読むことによって、通常の遊びのなかに結びつけていく。 紙芝居：「ばけこちゃんの　おべんとう」	
個人	Tくん：何をするにも「やだー」と言って手が出ることが多い。家庭でも同じ様子だと聞く。本児の思いに共感すると同時に言葉にすることで、自分で切り替えができるときを待ち、対応している。（葛藤経験も大切なときと考え、必ずひとりが寄り添うようにしている）	
家庭連絡		
全体		
個人	Tくん：上記の件で、家庭と連絡を取り合っていく。	
❷一日の子どもの姿		
❸　今日は朝の会で「人間関係」をねらいとする紙芝居を読んだ。内容は"お友だちにものを譲る" "ものをかしてあげる優しさ"が描かれており、読み終えて、子どもたちに「もし　お友だちだけ　おもちゃ持ってなかったらどうする？」と問うと「どうぞって」と手を差し出すSくん。次々に「かしてあげるよね～」という声が聞かれた。しかし、そのあと、戸外へ出て遊ぶと、Sくんと三輪車の取り合いになり泣き出すHちゃん。遠くから三輪車に乗って心配そうに見つめるAちゃんがいた。 　保育者「Hちゃん乗りたいんだね」と声をかけると、AちゃんがHちゃんのそばまで三輪車を持っていき「どうぞ」と渡してあげていた。Hちゃんも、ピタっと泣き止むと「ありがとう」と答え、ふたりで少し微笑む姿が見られた。保育者「Aちゃん　すごいね～　今日のばけ子ちゃん（紙芝居の）みたいだね」というとうれしそうにその場を去っていった。 　おさんぽでは、桜公園の落ち葉がさまざまな色づきがあり（オレンジ、黄色、緑等豊かで）子どもたちが夢中で拾いながら「きれいだね～」や「これ持って帰る」と袋に入れていた。		
子どもの学びと保育者の評価・反省		
❹　最近、朝の会で絵本や紙芝居を読み始めてから、その影響を受けて行動に移している姿が見られる。読んでいる間は、とても集中していて、終わってからも同じワードのくり返しを楽しんだり、伝えたい内容も少しずつ伝わっているとは思うが、読んだあとの会話と実際の行動にはちがいもあることもわかる。今は、たくさんのことを吸収している時期なので、保育者側としては、焦らずに伝えたいことをくり返し、今後も提供していきたい。 　おさんぽで拾い集めた葉っぱは、箱などに入れて、製作を楽しむなどして、自然の持つ魅力に十分触れて季節を感じられるようにする。子どもたちから発する言葉も大切に受け止め、くり返したり、発見が楽しいと思えるよう、保育者も言葉を添えて一緒に喜んだりしながら、感性を育てていく。		

❶ 前半は日案になっていることも

立てたねらいに対して振り返りやすいように、日案にその日の様子と評価を書く欄が設置されている場合もあります。

❷ とくに印象に残ったことを書く

感動し、心が動いた場面は、子どもの成長が感じられたり、子どもの育ちのすばらしい部分であることが多いでしょう。セリフや表情など交えて、誰の目にも浮かぶように書くとよいでしょう。

❸ どのような環境構成にしたのかを残しておく

そのときに得られた子どもの反応には、環境構成が関与していることも多々あります。環境構成で工夫したことを書いておくと、保育者間で共有することができ、翌日以降のトラブルやむだな手間を回避することができます。

❹ 立てたねらいに対する子どもの様子や心の動きを書く

保育の内容を振り返ることはとても重要です。ねらいを基に自分はどうかかわり、それによって子どもがどのような反応を示したか、それはなぜか、では次のねらいは……ということのくり返しを意識して行いましょう。

日々の保育を振り返ることで、保育の質が向上する

その日の保育を振り返り、疑問や課題を発見することのできる日誌は、保育を創造していく礎であり、原動力となるものです。クラス会議などで一部の日誌を取り上げ、子どもへの援助の仕方について議論をしていくと、一人ひとりの子どもへのかかわりが統一され、子どもの成長へとつながり、クラスにまとまりが出てきますよ。

先生からアドバイス

第4章　仕事のスキルアップを目指そう

[0歳] [1歳] [2歳]

ケガ報告書・ヒヤリハット報告書の書き方のポイント

ケガ記録簿の書き方

ケガ記録簿とは
病院に行くようなケガをしてしまった際に残しておく記録。

【ケガ記録簿の例】

ケガ記録簿

怪我をした園児名	Sくん	年齢	4歳	月日	平成　年　月　日（　）	時間	
対応職員	Y先生						
場所	室内・戸外・ホール・テラス・その他（　　　）						
場所の図	❶ カーペット　Sくん　棚　教具の部屋			ケガが起きた状況 ❷	おやつのあと、教具で遊ぶ側とダンスをする側で子どもたちの好きなように分かれ、教具側は3名の園児はH先生が、ダンス側は8名の園児をわたしYが連れて広いホールへ移動した際起こった。Sくんがうれしくてはしゃぎ気味にカーペットと棚付近をジャンプ歩きをしていた際、カーペットを踏み込んだ前足が滑り前かがみに転んだ際に手をつく前にあごをぶつけてしまい切れてしまった。		
ケガの部位	❸ 写真添付			ケガの処置	すぐに整形外科に連絡を入れ連れて行った。17：10頃、I整形にて、左の口元の外側を2針縫う。		
				❹ 事後の家庭への連絡	ケガが起き、病院に行く前に電話確認をした。更に受診後の様子を連絡したところ、医師の説明前にI整形外科まで来てくださり、一緒に診察を聞いてくれた。		
経過観察 ❹	その後、保護者と共に家に帰る。翌日元気に園に登園。午前中に消毒に通う。とくに痛がる様子もなく通常通り過ごしていた。						
再発防止策	❺ ダンスをしようと踊り場をつくるために、テーブル等を動かしていた際に起きたできごとであった。ホールに流れてくる人数も多かったため、子どもが来るのを止めずに自分だけが広いスペースをつくるために、家具を少し動かそうとしてしまったことが原因であると考える。今回ぶつけた棚は、日によって位置も定まっていなかったのと、カーペットも滑り止めはつけていたが、少し消耗していたことも原因で滑りやすくなっていたように思う。今後部屋を移動する際は、まず、子どもたちに座って待ってもらい、安全面の配慮を行ったあと、移動を促すようにすることと、ダンスなど元気に体を動かすときはカーペットはたたんでおくようにする。また、人数的にも3名と8名に分かれ、保育者は1名ずつだったので、危険がともなわそうなときはむりに分けず2名でひとつの活動をするようにする。保育者の人数に余裕があるときに、選択できるようにする。						

❶ **ケガが起きた場所を図にする**
ひと目で見てわかるよう、図にして記録します。

❷ **状況をわかりやすく書く**
その場にいなかった人があとから見ても状況を把握できるよう、なるべく詳細にわかりやすく書きます。

❸ **ケガの部位を写真で残す**
ケガの部位を写真で残すことで、次に同様のケガが起きた場合、病院に行くかどうか判断する基準にもなります。

❹ **保護者への連絡状況を記録し、経過観察を行う**
どのタイミングで保護者への連絡が行われたかを残しておきます。また、その後の経過観察もきちんと記録します。

❺ **再発防止策を必ず書く**
同様のケガをする事故が二度と起こらぬよう、事故が起きた原因を分析して再発防止策を必ず記入します。

ヒヤリハット報告書の書き方

【ヒヤリハット報告書の例】

ヒヤリハット報告書

発生日時	年　月　日（　）　　　　　時　分ごろ		
記入者	保育者T	園児名　園児A　3歳	クラス　うさぎ
発生状況	ストライダーに本児が乗り走っていたところ転倒。その際、握っていた右グリップが外れ、金属部分がむき出しになりそこで左あごにあたり、傷ついてしまった。（写真添付）		
原因	ストライダーの点検がおろそかになっており、グリップの部分の確認がなされていなかった。		
内容	転倒後、あごを金属部にぶつけてしまった。		
結果 （起きた事実）	左あごの一部が切れ出血した。（浅い傷であった）		
あなたの対応	本児以外にも4名戸外に出ていたので、ほかの保育者に、一緒に保育をお願いし、本児の傷の手当と止血に努めた。その後、傷を確認、職員室に報告、病院受診となった。病院では縫う必要はないとのことで、消毒をして終了した。		
一歩間違えていたらどうなるか？	深い傷になって大きなケガにつながる可能性もあると思う。		
考えられる対策	ストライダーの定期的な点検（グリップの状態など、細かいところまで）		
その他の先生方の意見	降園後保護者より電話があり「ケガについては伝えていただき、とくにそのことで何も言うつもりもないが、どのような状況でそうなったのか？がわからなかった。連絡ノートに記入があるかと思ったのでその場で聞かなかったのですが、ノートにもなかったため、教えていただきたい」という話があり、担任に変わり状況説明をしてもらい納得したようであった。ケガについては、どうしてそうなったのか？を口頭と連絡ノートの両方から記入ということになっているため、再度周知させていただきます。（主任）		

ヒヤリハット報告書とは

大きな事故にはならなかったものの、一歩まちがえれば大きな事故になりかねなかったことについては、保育者全員が把握しておくことが大切。そのために報告書としてまとめ、記録を全員が見られるようにしておきます。

大きな事故を防ぐための「ヒヤリハット」

1件の重大な事故・災害の背景には29件の軽微な事故・災害があり、300件の「ヒヤリハット事例」がある、という統計があります。ヒヤリハット報告書はケガ記録簿とは異なり、重大な事故を防止することを目的としています。

1件の重大な事故・災害
29件の軽微な事故・災害
300件のヒヤリハット
〈ハインリッヒの法則〉

危険を感じたら保育者みんなで即座に共有・改善！

発生状況から原因を分析し、さらに「起きたかもしれない深刻な事態」を記入します。「ヒヤリハット事例」を集めて園全体で共有し、対策を練ることが、重大な事故の防止につながるのです。

子どもが挑戦できる環境づくりを

保育園では「事故はあってはならない」が原則。一方で子どもたちが強い心と体をつくっていくためにはさまざまな失敗や成功の体験も求められます。園の設備や遊具はこまめに点検を行い、危険を感じたら即座に改善しましょう。安全で安心できる環境でこそ挑戦意欲を大切にした保育が可能になります。

先生からアドバイス

`0歳` `1歳` `2歳`

研修を利用してスキルアップしよう

悩み1

現場に出てみて、もっと保育技術を上げたいなと思ってきました。

これで解決！

厚生労働省が3種類のキャリアアップ研修を用意しています

ぜひ、キャリアアップ研修を受講しましょう。2017年から新しい「キャリアアップ研修」が創設され、各都道府県単位でさまざまな研修が用意されています。各園に案内が届いているはずですので、おもしろそうなもの、興味があるものに参加してみましょう。また、経験に応じた役職も新設され、研修を修了して「副主任保育士」などのキャリアに就任すると、最大で月4万円賃金がアップします。

①専門分野別研修	乳児保育、幼児教育、食育・アレルギー対応、保健衛生・安全対策など、保育の現場で専門性をより高めるための研修
②マネジメント研修	ミドルリーダーに必要なマネジメント・リーダーシップの能力を身につけるための研修
③保育実践研修	子どもに対する理解を深め、保育者が主体的にさまざまな遊びと環境を通じた保育を展開するために必要な能力を身につけるための研修

第4章 仕事のスキルアップを目指そう

知りたい！
保育士のキャリアアップイメージ

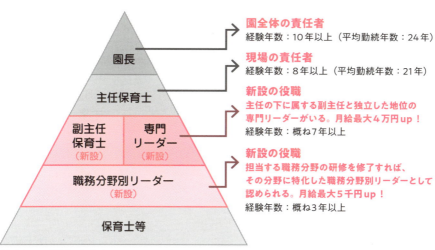

園長 → **園全体の責任者**
経験年数：10年以上（平均勤続年数：24年）

主任保育士 → **現場の責任者**
経験年数：8年以上（平均勤続年数：21年）

副主任保育士（新設）／専門リーダー（新設） → **新設の役職**
主任の下に属する副主任と独立した地位の専門リーダーがいる。月給最大4万円up！
経験年数：概ね7年以上

職務分野別リーダー（新設） → **新設の役職**
担当する職務分野の研修を修了すれば、その分野に特化した職務分野別リーダーとして認められる。月給最大5千円up！
経験年数：概ね3年以上

保育士等

（参考）厚生労働省：保育士のキャリアアップの仕組みの構築と処遇改善について

研修の報告をして園全体で生かそう

研修ではさまざまな知識が得られるので、それを職員会議などで報告することをおすすめします。情報の共有になるだけでなく、言葉にして伝えることであなた自身新たな発見もあるはず。また、保育者全体の意識統一にもなり、チーム保育にもつながっていきます。

研修で得たさまざまな知識を日常の保育に生かそう

研修は、保育の知識やアイデアを得たり、ちがう視点を持てるようになることで柔軟な考え方ができるようになったりします。

公的な研修のほか、自分の保育を振り返り、さらに充実させたいテーマの研修を選んで積極的に参加しましょう。

先生からアドバイス

防災対策・避難訓練などで万が一のときに備えよう

「新・保育所保育指針」の第3章に災害への備えのことが追記されました。緊急時の園内での役割分担や、保護者や地域との連携を日ごろから確認しておく必要があります。ここでは菜の花保育園(山梨県)の取り組みを見ていきましょう。

菜の花保育園の実施例
月1回の「もしものときの訓練」

1 地震・火事などの災害訓練

地震のとき、火事のとき……「まず何をするのか」を子どもたちにもしっかりと覚えてもらい、くり返し行うことが大切です。
「おかしも」の合言葉（お・さない／か・けない／し・しゃべらない／も・どらない（火事））などの合言葉も日ごろから伝えています。
保護者が迎えに来るまで「引き渡しカード」を装着して待機する練習もします。

緊張感を持って取り組みます。

引き渡しカード記載内容
・園児名
・年齢
・アレルギーの有無
・迎えに来た人
・間柄
・住所
・自宅電話
・携帯電話
・（引き渡し）日時
・引き渡し職員

引き渡しカードはゴムを通して、胴体や二の腕に身につけさせます。

地震のときは……だんごむしのポーズ！

火事のときは……ハンカチで口を押えて移動！

おうちの人に引き渡すときはひとこと
おうちの様子は確認してきましたか？

❷ 救急処置や感染症対策も定期的にチェック

園内で感染を拡大させない、大ケガやアナフィラキシーショックに対応する……など、子どもたちの安全と健康を守るためには、現場の体制づくりが大切です。そのために、保育者のみで訓練を行います。
どの立場の保育者が指示を出し、ほかの保育者はどう動くかといった役割や動き方をチームで理解するためにシミュレーションをしておきます。

＼ たとえば…… ／

「子どもが吐いた！」ウイルス感染の疑いがあるときの処置例

保育者① 当事者の子どもの対応
保育者② 吐しゃ物の処理
保育者③ その他の子の保育
保育者④ 管理者を呼びに行く
保育者⑤ 症状によっては、救急車を手配する

その他の「もしものときの訓練」

- ◆ 不審者対策
- ◆ アレルギー児事故対応
- ◆ 水害対策
- ◆ 大ケガ対応
- ◆ 心肺蘇生法

消防署の方に来てもらって教わります。

防災マニュアルに目を通しましょう

各園には、国の防災マニュアルをもとにした災害時のマニュアルがあります。勤務園のマニュアルには必ず目を通しておきましょう。

子どもの安全確保が最優先！

ただ「保護者に引き渡せばよい」という意識ではなく、「子どもを保護者に引き渡すまではしっかりと守る」と保育者が意識しておくことが必要です。

遊びのなかで防災意識を育む

防災ずきんをかぶるのを嫌がる子がいるので、日常の遊びのなかで防災ずきんをかぶる体験をしておくとよいでしょう。

> 知っておきたい！

子どもが
かかりやすい
病気・アレルギー

子どもは免疫力が弱く、大人よりも感染症にかかりやすいという特徴があります。また、感染症以外にも子ども特有の病気もあるので、子どもの病気について正しい知識を持ち保育にあたりましょう。

※P150～159 渋谷紀子
（愛育クリニック）監修

感染症

かぜ症候群（急性上気道炎）

鼻からのどにかけての急性の炎症

- 鼻からのど、気管の入り口にかけての**上気道が炎症**を起こした状態を「かぜ症候群」＝「かぜ」と呼びます。炎症が特定の部位に現れたときは、**急性鼻炎**、**急性咽頭炎**、**急性扁桃炎**などといわれることもあります。
- かぜの原因のほとんどは**ウイルス**で、くしゃみやせき、鼻水などを介して**飛沫感染**でうつります。感染すると数日後に**せき**、**鼻水**、**微熱**などの症状が出はじめ、しだいに熱が上がって呼吸や脈拍が速くなります。多くの場合、ピークはひきはじめの2～3日間。少しずつ軽くなり、1週間ほどで治ります。
- ウイルスの種類によっては、下痢やおう吐と、発しん、目の充血などの症状が出ることが。関節痛や全身の倦怠感、合併症をともなうこともあります。

突発性発疹症

1歳までに多くの
赤ちゃんがかかる病気

- 2歳ごろまでの乳幼児がかかりやすい病気で、特に生後4～5カ月から1歳までの時期に多く見られます。
- 元気だった赤ちゃんが、急に**39～40℃の高熱**を出しますが、熱のわりに**きげんは悪くなく**、鼻水やせきなどのかぜ症状はほとんど見られません。高熱は3～4日続き、熱が下がると同時か翌日あたりに、**赤く細かい発しん**が出ます。発しんは、顔、おなか、背中など体幹から出はじめて全身に広がります。2～3日は目立ちますが、そのうち消失し、痛みやかゆみはありません。
- 急に高熱が出るので、**熱性けいれん**を起こす場合もあります。

インフルエンザ

感染力が強く、
重いかぜ症状が出る

- 典型例では1～3日間の潜伏期間のあと、突然40℃近い高熱が出て、症状が急激に悪化します。
- 発熱と同時に、頭痛、全身の倦怠感、関節痛、筋肉痛などの症状が、ふつうのかぜよりも強く出るので、きげんが悪いかぐった

- りとしてしまいます。
- 発熱と前後して、せきやたん、鼻水、くしゃみなどのかぜ症状も現れます。下痢やおう吐などの消化器症状を起こすこともあります。
- 気管支炎や中耳炎などの合併症をともないやすく、じょうずにたんを吐きだせない子は呼吸困難になることもあります。
- 急性脳症、肺炎といった重い合併症を引き起こすケースもあるので注意が必要です。

はしか（麻疹）

高熱が続き、合併症も怖い病気

- **麻疹ウイルス**の潜伏期間は10〜12日ほど。**38℃前後の発熱**とともに、かぜと似た症状が2〜3日続き、ほおの内側に**白いポツポツ**が現れます。いったん熱が下がりますが、再び**40℃前後**の高熱に。このころ全身に**赤い発しん**が広がります。せき、目の充血が強くなり下痢などの症状も見られます。
- 発症してから7〜10日ほどたつと、熱が下がってせきや鼻水もおさまります。せきだけがしばらく続くことも。
- 麻疹ウイルスや細菌による**合併症**に注意が必要です。特にほかの細菌が二次感染して**細菌性肺炎**になると重症になります。また、まれに**麻疹脳炎**を併発することがあります。

- 2〜3週間の潜伏期間のあとで、**38℃前後の熱**が出ます。熱は出ないこともあります。発熱とほぼ同じ時期に、小さな**赤い発しん**が全身に現れるのが特徴ですが、痛みやかゆみはありません。
- 首や耳の後ろにある**リンパ節**が、小指の先ぐらいの大きさに**はれて**、触るとグリグリした感触があります。
- 症状が軽いと、感染したことに気づかない「**不顕性感染**」の場合もあります。
- まれに、血小板減少性紫斑病や、風疹脳炎などの合併症が見られます。

おたふくかぜ（流行性耳下腺炎）

ウイルス感染で耳下腺がはれる

- 2〜3週間の潜伏期間のあと、耳の下あたりにある**耳下腺がはれて**痛みをともないます。**頭痛**や**倦怠感**をともなうこともあり、しばしば、ほかのだ液腺（**顎下腺・舌下腺**）も同時に炎症を起こします。はれは2〜3日目がピークで、その後1週間〜10日で徐々におさまっていきます。38〜39℃ぐらいの熱が出ることもあります。
- おたふくかぜで注意したいのは、合併症です。最も多いのは**無菌性髄膜炎**で発熱や頭痛、おう吐などの症状が見られます。そのほか**難聴**の後遺症を残すこともあります。

風疹（三日ばしか）

発熱とともに、小さな発しんが全身にできる

- **風疹ウイルス**が原因の感染症です。くしゃみやせきなどの**飛沫感染**でうつります。

水ぼうそう（水痘）

強いかゆみをともなう水疱が全身にできる

- 潜伏期間は約2週間。直径2〜3mmの赤い**発しん**が頭皮や顔、おしりやおなかなどに

巻末 知っておきたい！子どもがかかりやすい病気・アレルギー

151

現れ、全身に広がります。数時間から半日の間に、赤い発しんの上に透明な水疱を生じます。1～2週間ですべての水疱がかさぶたになります。
- 発しんと同時に37～38℃の熱が出る場合もありますが、2～3日で下がります。
- まれに水痘脳炎やライ症候群などの合併症が起こることも。
- 治っても水ぼうそうの原因である**水痘帯状疱疹**ウイルスは体のなかに潜伏し続けます。大人になって体調を崩したとき、神経に沿って激しい痛みを生じる帯状疱疹になって現れることがあります。

咽頭結膜熱（プール熱）

高熱が出てのどがはれ、目の充血を起こす

- 毎年6月ごろから増加しはじめ、7～8月にピークを迎えます。最近では、さらに春や秋にかかるケースも増える傾向にあります。**非常に感染力が強い**ので、地域や園で流行したり、上の子がかかると下の子に感染したりすることがあります。
- 5～7日の潜伏期間のあと、**39～40℃前後の高熱**が出ます。発熱は5日前後続きます。
- 発熱と同時に、**のどがはれて痛み**だします。のどの奥の**扁桃腺が赤くはれ**、表面に白い分泌物が見られます。
- **結膜炎**を起こして、目やにが出ます。涙が出やすくなる、目がショボショボする、まぶしがるといった症状も見られます。目の症状は片側から始まり、やがてもう一方の目にも症状が現れることが多いようです。
- 頭痛や全身の倦怠感、腹痛、下痢をともなうこともあります。

手足口病

手足、口内に発しん。夏に多い感染症

- **手のひらや足の裏、舌やのど、ほおの内側**などに、米粒ほどの大きさの**赤い発しん**や**水疱**が出る夏に多い感染症。おしり、ひじ、ひざなどにも発しんができる場合や、手・足・口の一部にだけ発しんができる場合もあります。
- 手足にできた水疱は、痛みやかゆみは特にありません。口のなかの水疱はつぶれて潰瘍になるので、しみて痛みます。食欲が落ち、きげんが悪くなります。発しんは1週間程度で消え、あとが残ることはありません。
- 発しんと同時または先行して**38～39℃の熱**が出て、2～3日の間続くこともあります。**熱は出ないことも**あります。
- まれに脳炎や無菌性髄膜炎、心筋炎などの合併症を起こすことがあります。

ヘルパンギーナ

のどに水疱ができ飲食が困難に

- 夏かぜの一種で、突然**40℃近い熱**が出て、口のなかのいわゆる**のどちんこのまわり**に直径1～2mmほどの**赤い水疱**が多くできます。水疱は破れて潰瘍になりますが、1週間ほどで治ります。

感染性胃腸炎

ウイルスや細菌が原因で胃腸に炎症が起こる

- **ウイルス**や**細菌**に感染して急性の炎症を起こし、**おう吐**や**下痢**、**腹痛**などの胃腸症状が出る病気を総称して感染性胃腸炎といいます。原因がはっきりしない場合、**急性嘔吐・下痢症**と診断されることも。
- **冬**に多い**ロタ**や**ノロ**などのウイルスが主に口から侵入して起こる**ウイルス性胃腸炎**は、吐き気やおう吐、下痢、発熱などの症状を引き起こします。
- **ロタウイルス胃腸炎**の場合、激しいおう吐は1～2日でおさまりますが、下痢は徐々に激しさを増し、多いときは1日に10回以上も出ることがあります。便は米のとぎ汁のような少し**黄色がかった白い水様便**で、**酸っぱいにおい**がします。下痢は3～4日続きますが、1週間ほどすると元の便の状態に戻っていきます。
- 細菌が原因の胃腸炎は、**サルモネラ菌**、**カンピロバクター菌**、**腸炎ビブリオ**、**病原性大腸菌**などによる**食中毒**が代表的です。細菌性の場合、便に腐ったようなきついにおいがあったり、**血液やうみが混じっている**ことがあります。

りんご病〈伝染性紅斑〉

両側のほおが発しんで赤くなる

- 主に幼児期から小学校ごろの子どもの間で、**春から初夏にかけて流行**します。2歳前の赤ちゃんがかかることは、あまりありません。
- 1～3週間の潜伏期間のあと、**両方のほお**が**赤く**なります。最初は**斑点状**ですが、その後、りんごのように、少し盛り上がった鮮やかな**赤い色**になります。
- 1～2日たつと、**腕や足の外側にもレース状の網目模様や波模様の発しん**が現れます。発しんができているところは、むずがゆかったり、ほてった感じがしたりすることもあります。
- 顔の発しんは2日ほどで消え、腕や足の発しんも1～2週間で自然に薄くなって消えていきます。
- 発しんが出る1週間ぐらい前に、熱や筋肉痛、体がだるいなどの症状が出ることもあります。発しんが出たあとは、熱は出ないことが多く、出ても37℃台の微熱程度です。
- 大人がかかると、発熱や関節痛などの症状が強く出ます。
- ごくまれに、**溶血性貧血**などの合併症を起こすことがあります。妊娠中期の妊婦がかかると、胎児が**胎児水腫**という重い貧血になったり、流産したりする心配があります。

RSウイルス感染症

呼吸器に感染し重症化することも

- **秋から初春**に流行し、特に**呼吸器**に感染するのが特徴です。
- 母親からの免疫は効かないので、6カ月未満の子でもかかります。
- 通常は**発熱**、**鼻水**、**せき**などの症状が出て、ほとんどが1～2週間でよくなります。
- ただし、2歳未満の子は、**細気管支炎**や**肺炎**などを起こして重症化しやすいので注意が必要です。

巻末 知っておきたい！ 子どもがかかりやすい病気・アレルギー

百日ぜき

激しくせき込み、息を吸うときにヒューッと特有の音

- 7〜14日ほどの潜伏期間のあと、くしゃみや鼻水、軽いせきなどかぜのような症状から始まります。1〜2週間でコンコンと**激しくせき込む**ようになり、たて続けに十数回せきをしたあと、**ヒューッと特有の音**と一緒に息を吸い込む、発作的なせきが出るようになります。これが1日に数十回も起こり、しかも夜中や明け方に激しくなるので、眠れなくなり体力が落ちます。
- 3〜4週間ごろになると、少しずつ軽症になってきますが、完全に治るまでには2〜3カ月かかります。
- 低月齢の赤ちゃんの場合は、特有のせきが出ず、**無呼吸発作**から**チアノーゼ**や**呼吸停止**になることもあり、注意が必要です。

溶連菌感染症(猩紅熱)

突然の高熱と発しん、舌がイチゴ状に

- せきや鼻水などかぜの症状は特になく、**突然38〜39℃前後の熱**が出ます。
- 発熱と同時に、のどの入り口やまわりが炎症を起こして赤くはれて、**強いのどの痛み**をともないます。
- 発熱のあとに、首や胸、腹部や足のつけ根のあたりに**赤く細かい発しん**が出ることもあります。
- 初期には**舌が白いコケ**に覆われたようになり、3〜4日するとイチゴのように赤くなってブツブツになります。これは「**イチゴ舌**」と呼ばれ、溶連菌感染症の特徴的な症状です。
- 治りかけに、発しんが出た部分の皮膚がむけることもあります。
- おう吐、腹痛など胃腸症状をともなうことがよくあります。

急性肝炎(B型肝炎)

発熱やおう吐、食欲不振などが現れる

- さまざまなウイルスが肝炎の原因になりますが、代表的なB型肝炎ウイルスは血液・体液を介しての感染や**母子感染**が感染経路です。
- まず**気分不快**や**食欲不振**などの全身症状が現れ、徐々に**発熱**や**おう吐**、**腹痛**が起こります。小児では黄疸が出現するのは10％以下といわれます。

皮膚の病気

あせも(汗疹)

汗の出口が詰まって炎症を起こす

- **汗の出口**が汗やあかなどでふさがれ、外に流れ出せなくなった汗が、皮膚の内側にたまって**炎症**を起こします。
- **頭**や**ひたい**、**背中**や**わきの下**や**首のまわり**などのくびれたところに汗がたまって、ポツポツと**細かい発しん**ができ、チクチクした**かゆみ**が起こります。患部がこすれたり、汗をかいたりすると、さらにかゆみが強くなります。あせもをかきこわし、そこに黄色ブドウ球菌が感染すると、"あせものより"と呼ばれる状態になり、化膿したり痛み

をともなったりします。

とひび（伝染性膿痂疹）

かゆみをともなう水疱が全身にできる

- あせもや湿疹、虫刺され、アトピー性皮膚炎などをかきこわした傷口やすり傷に、黄色ブドウ球菌などの原因菌が感染して**かゆみのある小さな水疱**ができます。
- 水疱の中の**滲出液**には、感染力が強い菌が含まれています。患部をかいて水疱の膜が破れると、体のほかの部分について、水疱がどんどん広がっていきます。かきこわして破れた水疱はただれてジクジクし、乾くとかさぶたになります。
- **黄色ブドウ球菌**は鼻の穴などに存在する常在菌で、多くの人が持っています。健康な皮膚についても害はありませんが、傷ついた皮膚につくと、とびひの原因になります。

皮膚カンジダ症

カンジダ菌でおしりやまたが赤くなる

- **カンジダ菌**というカビの一種に感染して皮膚に炎症が起こる病気です。主におしりやまたなどに、比較的色の濃い赤いただれができます。皮膚が薄くむけている部分があったり、少し離れたところにも赤いブツブツができたりすることもあります。炎症が起こっている部分と、**健康な皮膚との境がはっきりしている**のも特徴のひとつです。
- おむつかぶれの症状とよく似ていますが、皮膚カンジダ症の場合、おむつが触れていない部分にも炎症が起こります。おむつが

直接当たっていない皮膚の、くびれの奥のほうまでただれているようなら、皮膚カンジダ症の疑いが高くなります。

水いぼ（伝染性軟属腫）

いぼをかきこわすと周囲にどんどん広がる

- **首**や**わきの下**、**胴体**、**ひじ**、**ひざの裏側**などに、直径1〜2mm程度のいぼができます。**いぼ**は**半球状**に盛り上がっていて、真ん中が少しへこんでいるのが特徴です。色は皮膚の色と変わらず、痛みやかゆみはほとんどありません。
- **感染力の強いウイルス**によるものなので、いぼをかきこわすと、いぼの内容物がほかの部分について広がっていきます。

アレルギーの病気

じんましん

食品などが原因で体中に発しんが現れる

- 皮膚の一部に、**かゆみ**のある**赤い発しん**が出ます。発しんは大小いろいろで、赤い発しんに蚊に刺されたような盛り上がった部分が生じます。ほとんどの場合、数時間（早ければ数分）から数日で消え、あとも残りません。
- 乳幼児の場合、原因不明のことも多いです。食物アレルギーの初期症状としてじんましんが見られることがありますが、ほかにも飲み薬、日光、汗、気温の変化や、皮膚をひっかくなどの物理的な刺激が原因になることも。

巻末 知っておきたい！ 子どもがかかりやすい病気・アレルギー

気管支喘息（きかんしぜんそく）

激しくせき込むなどの発作が起こる

- 気管支が狭くなって、**うまく呼吸ができなくなる**病気です。ふだんは元気ですが、気管支が何らかのアレルゲンに反応すると発作が起こり、激しく**せき込み**、苦しそうな呼吸になったりします。息を吐くときに「**ヒューヒュー**、**ゼーゼー**」と笛のような呼吸音が聞こえるのも特徴です。
- 症状が進むと、呼吸のたびに胸やのどがへこむようになります。さらに重症になると、呼吸困難から酸素欠乏を起こし、命にかかわることもあります。

アレルギー性鼻炎（せいびえん）

鼻粘膜がアレルギー反応を起こす

- 鼻の粘膜が**ダニ**や**ハウスダスト**などでアレルギー反応を起こし、透明でサラサラした**鼻水**や**くしゃみ**、鼻詰まりなどが続きます。

アレルギー性結膜炎（せいけつまくえん）

アレルギーで目の結膜に炎症が起こる

- 結膜にアレルゲンがつくことによるアレルギー反応です。**目のかゆみ**、**充血**、**まぶたのはれ**、**目やに**などの症状が現れます。

花粉症（かふんしょう）

花粉で目や鼻に炎症が起きる

- アレルギー性鼻炎やアレルギー性結膜炎で、**花粉が原因**の場合を花粉症といいます。
- **目のかゆみ**、**充血**、**まぶたのはれ**、**目やに**、**鼻水**、**鼻詰まり**などの症状が現れます。
- 春や秋、スギやヒノキ、ブタクサなど、アレルゲンとなる植物の花粉の飛ぶ季節だけに出るのが特徴です。

アトピー性皮膚炎（せいひふえん）

皮膚の乾燥とかゆみのある湿疹が特徴

- 肌が乾燥しやすい体質によるもので、皮膚トラブルが慢性的に続きます。
- 症状は、皮膚がカサカサと**粉を吹く**、細かい**赤い湿疹**が顔や体に広がる、ただれて**分泌物**が出る、皮膚がかたくゴワゴワしてくるなどさまざま。いずれも非常に強いかゆみをともなうため、かきむしってしまい、湿疹をかきこわすことで症状をさらに悪化させてしまいます。症状は、よくなったり悪くなったりをくり返します。
- 早い場合で生後１〜３カ月ごろに発症します。症状の現れ方や経過はいろいろですが、最初に頭や顔に湿疹ができ、徐々に体や手足に広がるケースが多く見られます。正確な診断は経過を見ないとむずかしいため、いったんは乳児湿疹と診断され、その後の経過により、アトピー性皮膚炎と診断名が変わることもあります。

目・耳・鼻の病気

結膜炎

目やにや目の充血が起こる

- 結膜に細菌やウイルスが感染し、充血、目やに、涙目などの症状が現れます。またアレルギーが原因となる場合もあります。
- 細菌性結膜炎は、肺炎球菌などの細菌による感染が原因で起こります。黄色っぽい目やにがたくさん出るのが特徴です。
- ウイルス性結膜炎は、目が充血し、まぶたがはれ上がるなど症状が激しく、完治までに2〜3週間かかる場合があります。特にアデノウイルスによる流行性角結膜炎は「はやり目」と呼ばれ、感染力が強く、目やにが多く出ます。リンパ節がはれてのどが痛み、高熱が出ることもあります。

ものもらい（麦粒腫）

まぶたが赤くはれ、かゆみや痛みがある

- 目の皮脂腺や汗腺に、黄色ブドウ球菌や連鎖球菌などの細菌が感染して起こります。
- まぶたの縁や内側が化膿して、赤くはれたり、しこりをつくったりします。まぶたを押すと痛かったり違和感を感じることがあります。
- ほかの人に感染することはありません。

急性中耳炎

細菌が中耳に感染して炎症を起こす

- 鼓膜の内側の中耳に炎症が起こります。かぜなどでのどや鼻の粘膜についた細菌が、耳管を通って中耳に入るのが原因です。
- 発熱、せき、鼻水などの症状のあと、高熱が出てきげんが悪くなり、しきりに耳に手をやったり、耳を痛がったりします。症状が進むと中耳にうみがたまり、鼓膜が破れて黄色い耳だれ（うみ）が出ます。
- 滲出性中耳炎の場合は、中耳腔に滲出液がたまり、耳の聞こえが悪くなります。耳だれや痛み、発熱などの症状がないため、発見が遅れることもあり、気をつけたい病気です。

急性外耳炎

外耳道が炎症し耳だれが出ることも

- 外耳道にできた湿疹や細菌感染などが原因で、外耳道に炎症を起こして、耳をかゆがったり、少量の耳だれが出たりします。ひどくなると、化膿してはれることも。

急性副鼻腔炎

副鼻腔が炎症を起こし黄色い鼻汁が出る

- 鼻の奥にある副鼻腔という空洞に、主に細菌が入り込んで炎症を起こす病気です。かぜをひいたあとなどに、細菌による粘膜の

巻末 知っておきたい！子どもがかかりやすい病気・アレルギー

炎症が鼻腔から副鼻腔に広がって起こります。
- **かぜが長引き**、薄いサラサラした**鼻水**がだんだんと黄色くなり、粘りを持ってうみのようにドロドロしてきます。

口・歯の病気

むし歯

むし歯菌が乳歯を溶かしていく

- **ミュータンス菌**（ストレプトコッカス・ミュータンス菌）は、口の中に残っている食べもののかすなどの糖分を分解して、**歯垢**（プラーク）をつくります。そして、それを**酸**に変えることで、歯のエナメル質や象牙質を溶かしていきます。これがむし歯ができるしくみです。
- 初期のむし歯は表面が白く濁ったり、茶色に変色したりします。進行すると**象牙質**まで穴が開き、食べものをかむと痛みがひどくなります。さらに進行すると、神経まで到達し、歯ぐきのなかの永久歯の芽にも影響を及ぼしてしまいます。

口内炎

食べたり飲んだりすると痛む

- 口の中の**粘膜**に炎症が起きる病気です。乳幼児によく見られるのは、口のなかに米粒大の白い潰瘍ができる**アフタ性口内炎**、手足口病やヘルパンギーナによる口内炎。また38〜40℃の高熱が出ることもあり、口のなかや歯ぐきに強い痛みのある潰瘍や水疱ができる**ヘルペスウイルス性口内炎**です。

呼吸器の病気

クループ症候群

のどの奥が炎症を起こし特有のせきが出る

- のどの奥（**喉頭**）にウイルスや細菌が感染したことで炎症が起こります。
- 多くは**39℃前後の発熱**をともないます。気道が狭くなるために、**イヌの遠ぼえ**のようなせきが出ます。夜、眠りについてから2〜3時間後に**突然せき**が出始めることもあります。
- のどの炎症が悪化すると、**息を吸い込むときにヒュー**という音がします。重症化すると**呼吸困難**になるので注意が必要です。

急性気管支炎

こじれたかぜが原因で激しくせき込む

- 鼻やのどについたウイルスや細菌が、**気管支の粘膜**に感染して炎症を起こしたもので、多くはかぜから続いて発症します。
- **発熱**、**鼻水**、**軽いせき**などのかぜ症状から始まり、**コンコン**という乾いた感じのせきから、**ゴホゴホ**というたんがからんだような湿った感じのせきに変わっていきます。
- せきのために眠れなかったり、せき込んで吐いたりすることがあります。また、食欲が落ちて**きげんが悪く**、重症になると**呼吸困難**を起こすこともあります。

喘息性気管支炎

喘息に似たゼーゼーした呼吸をする

- 気管支が炎症を起こして細くなったり、たんが詰まったりして、息をするたびに、**喘息**のときのような**ゼーゼー**、**ヒューヒュー**という音がします。
- かぜが長引いたときに起こりやすく、せきとともに、**発熱**や**鼻水**などの症状が出ます。
- 気管支喘息と似ていますが、気管支喘息は気管支がハウスダストなど何らかのアレルゲンに反応して発作を起こす病気です。これに対し喘息性気管支炎は、かぜがきっかけで起こるウイルスや細菌による気管支炎です。
- 6カ月ごろから2歳くらいまでの子がかかることが多く、乳幼児期は気管支喘息とはっきり区別することがむずかしいとされています。

細気管支炎

最初は発熱などの症状、そのうち苦しそうな呼吸に

- 気管支より先の**細気管支**がウイルスに感染して炎症を起こす病気です。2歳未満の乳幼児が冬から春にかけてかかることが多く、年齢が小さいほど重症化しやすいので注意が必要です。かぜを起こすウイルスが原因になることが多く、**RSウイルス**が代表的です。
- 最初は、**発熱**や**鼻水**、**くしゃみ**、**せき**などのかぜ症状から始まり、2～3日の間続きます。熱は出ないこともあります。そのうちに呼吸が速く浅くなり、**ヒューヒュー**、**ゼーゼー**という苦しそうな**呼吸**になります。
- せきが激しくなり、食欲が落ちて、重症になるケースも。**呼吸困難**を起こして命にかかわることもあるので、注意が必要です。

肺炎

ウイルスや細菌の感染による肺の炎症

- **ウイルス**や**細菌**などの病原体が肺に侵入して炎症を起こす病気です。多くは**かぜ**や**気管支炎**をこじらせることで発症します。
- **細菌性肺炎**は、主にかぜなどをこじらせたときに発症し、インフルエンザ菌や肺炎球菌による肺炎が代表的です。**38℃以上の高熱**が2～5日続いてぐったりし、**せき**が続きます。せきは頻繁で、**食欲不振**もあり、顔色が悪くなります。重症になりやすく、入院治療が原則です。
- ウイルスに感染して起こる**ウイルス性肺炎**は、肺炎のなかでいちばん多いものです。**38℃以上の高熱**が出て、**せきがひどく**なります。小さな赤ちゃんは重症化することがあり、注意が必要です。
- マイコプラズマという微生物が原因の**マイコプラズマ肺炎**は、学童期の子どもに比較的多く見られます。しつこいせきが特徴です。
- クラミジアという微生物が原因の**クラミジア肺炎**は、新生児から生後3カ月ごろまでの赤ちゃんによく見られます。熱はそれほど出ず、**ひどいせきと目やに**が特徴です。

巻末 知っておきたい！ 子どもがかかりやすい病気・アレルギー

● 著者

今井和子（いまい・かずこ）
子どもとことば研究会 代表
公立保育園で20数年間、保育者として勤務。のち、お茶の水女子大学非常勤講師、東京成徳大学教授、立教女学院短期大学幼児教育科教授を歴任。
全国で研修、講演を行っている。『0・1・2歳児の心の育ちと保育』『0歳児から5歳児 行動の意味とその対応』（小学館）、『子どもとことばの世界』（ミネルヴァ書房）、『保育士のための書き方講座』（全国社会福祉協議会）ほか著書多数。

石田幸美（いしだ・ゆきみ）
社会福祉法人「なのはな」菜の花こども園 副園長
保育士歴28年。
山梨県甲府市にて志を同じくする保育者と平成18年4月に同園を設立。日本児童教育振興財団主催 第50回（平成26年）「わたしの保育記録」大賞受賞。ソニー幼児教育支援プログラム 2016年度 優秀園受賞。

STAFF
- 撮影　　田辺エリ
- 取材協力・写真提供　　社会福祉法人「なのはな」菜の花こども園
- ポスター監修　　渋谷紀子（愛育クリニック小児科部長）
- ポスター写真協力　　加藤彰一（加藤小児科医院）　増田裕行（増田こどもクリニック）
- ポスターイラスト　　すみもとななみ
- 本文イラスト　　みやれいこ
- 本文デザイン　　SPAIS（山口真里　宇江喜桜　小早谷幸　熊谷昭典）　大木真奈美
- 執筆協力　　古川はる香　洪愛舜
- 編集制作　　株式会社童夢

新人担任が知っておきたい！
0・1・2歳児 保育のキホンまるわかりブック

2018年3月13日　第1刷発行
2023年3月20日　第6刷発行

著　者　今井和子　石田幸美
発行人　土屋　徹
編集人　志村俊幸
編集長　小中知美
発行所　株式会社Gakken
　　　　〒141-8416　東京都品川区西五反田2-11-8
印刷所　凸版印刷株式会社

この本に関する各種お問い合わせ先
●本の内容については、下記サイトのお問い合わせフォームよりお願いします。
　https://www.corp-gakken.co.jp/contact/
【書店購入の場合】
●在庫については　Tel 03-6431-1250（販売部）
●不良品（落丁、乱丁）については　Tel 0570-000577
　学研業務センター　〒354-0045　埼玉県入間郡三芳町上富279-1
【代理店購入の場合】
●在庫、不良品（落丁、乱丁）については　Tel 03-6431-1165（事業部直通）
●上記以外のお問い合わせ　Tel 0570-056-710（学研グループ総合案内）

© Kazuko Imai , Yukimi Ishida 2018 Printed in Japan

本書の無断転載、複製、複写（コピー）、翻訳を禁じます。
本書を代行業者等の第三者に依頼してスキャンやデジタル化することは、
たとえ個人や家庭内の利用であっても、著作権法上、認められておりません。

学研グループの書籍・雑誌についての新刊情報・詳細情報は、下記をご覧ください。
学研出版サイト　https://hon.gakken.jp/